Über die Gesetze der japanischen Malerei

Eine Einführung in das Studium der Kunst Japans

Henry P. Bowie

Klassische Drucke

Diese Ausgabe erschien im Jahr 2023

ISBN: 9789359256092

Herausgegeben von
Writat
E-Mail: info@writat.com

Einführung von Iwaya Sazanami [1]

Zunächst möchte ich sagen, dass ich im Jahr 1909 die ehrenwerten japanischen Handelskommissare bei ihrem Besuch in den verschiedenen amerikanischen Hauptstädten und anderen Städten der Vereinigten Staaten begleitet habe, wo wir mit dem herzlichsten Empfang empfangen wurden und wofür wir alle gefühlt haben die tiefste Dankbarkeit. Wir waren alle so glücklich, aber ich war ganz besonders; Tatsächlich wäre es unmöglich, glücklicher zu sein, als ich mich fühlte, und dies traf insbesondere auf einen Tag zu, nämlich den siebenundzwanzigsten November des genannten Jahres, als Henry P. Bowie, Esq., uns in seine Residenz einlud in San Mateo, wo wir ein von ihm errichtetes Gedenktor zum Gedenken an unsere Siege im Japanisch-Russischen Krieg fanden; und seine Widmung war für diesen Tag unseres Besuchs reserviert. Über den Portalen hing eine Bronzetafel mit der Inschrift der Briefe meines verstorbenen Vaters Ichi Roku. Am Abend desselben Tages wurden wir von unserem Gastgeber zu einem Empfang der Japan Society of America nach San Francisco eingeladen, bei dem ich die Ehre hatte, eine kurze Ansprache über japanische Folklore zu halten. In angrenzenden Sälen wurde eine große Sammlung japanischer Schriften und Gemälde ausgestellt, letztere hauptsächlich das Werk des Künstlers Kubota Beisen , während die Schriften aus der Hand meines verstorbenen Vaters stammten, zwischen dem und Mr. Bowie eine Beziehung bestand herzlichste Freundschaft und gegenseitige Wertschätzung.

Zwei Jahre oder mehr sind vergangen und ich erhalte nun die Information von Herrn Shimada Sekko , dass Herr Bowie im Begriff ist, ein Werk über die Gesetze der japanischen Malerei zu veröffentlichen, und ich werde gebeten, ein Vorwort dazu zu schreiben. Ich bin mir durchaus bewusst, wie ungeeignet ich für ein solches Unterfangen bin, aber angesichts all dessen, was ich hier erzählt habe, bin ich der Meinung, dass es mir nicht gestattet ist, es abzulehnen.

Tatsächlich scheint es mir, dass die Kunst unseres Landes seit vielen Jahren der Öffentlichkeit Europas und Amerikas auf vielfältige Weise vorgestellt wird und Hunderte von Büchern über japanische Kunst in mehreren Fremdsprachen erschienen sind; Aber ich war insgeheim beunruhigt, weil viele solcher Bücher entweder oberflächliche Beobachtungen enthalten, die während sechsmonatiger oder einjähriger Besichtigungsreisen in unserem Land gemacht wurden, oder nur voreilige Kommentare, Zusammenstellungen, Auszüge oder Referenzen sind, die hier und da aus anderen ausgewählt wurden Bände. Alle Arbeiten dieser Art müssen als äußerst oberflächlich angesehen werden. Aber Herr Bowie hat viele Jahre in Japan gelebt. Er versteht unsere Institutionen und unser nationales Leben gründlich; Er ist mit unseren Sitten vertraut und mit unserer Sprache und Literatur bestens vertraut, und er versteht sowohl unsere Schreib- als auch unsere Malkunst. Tatsächlich habe ich das Gefühl, dass er über solche Dinge mehr Bescheid weiß als viele meiner eigenen Landsleute; Darüber hinaus ist sein Geschmack instinktiv gut an die orientalische Gedankenatmosphäre angepasst und steht im Einklang mit japanischen Idealen. Und er ist der Autor des vorliegenden Bandes. Für andere wäre eine solche Arbeit sehr groß; Für Herrn Bowie ist es ein Werk ohne solche Schwierigkeiten, und es muss sich sicherlich als Quelle unschätzbarer Belehrung erweisen, nicht nur für Europäer und Amerikaner, sondern auch für meine eigenen Landsleute, die nicht wenig daraus lernen werden. Ach, wie glücklich empfinden wir es, dass ein solches Buch in Ländern erscheint, die so weit von unseren Heimatküsten entfernt sind. Jetzt, da ich erfahre, dass Herr Bowie dieses Buch geschrieben hat, ist die Freude von vor zwei Jahren erneut vorhanden, und aus diesem fernen Land gratuliere ich ihm herzlichst, in der zuversichtlichen Hoffnung, dass sich seine Arbeit als fruchtbar erweisen wird.

Iwaya Sho Ha,

Tokio, Japan,
17. August 1911

Einführung von Hirai Kinza [2]

Vor siebzehn Jahren, zu einer Zeit, als China und Japan sich stritten, kam Herr Henry P. Bowie in Kyoto zu mir und bat mich, ihn in der japanischen Sprache und in den chinesischen Schriftzeichen zu unterrichten. Ich stimmte zu und begann mit seiner Unterweisung. Ich war bald von seinen außergewöhnlichen Fortschritten überrascht und konnte kaum glauben, dass seine Sprache und Schrift nicht denen eines gebürtigen Japaners entsprachen. Was die chinesischen Schriftzeichen betrifft, so lernen wir sie nur, um ihre Bedeutung zu kennen, und sind nicht daran gewöhnt, ihre verborgene Bedeutung zu erforschen; aber Herr Bowie ging so gründlich auf die Analyse ihrer Formen, Striche und Bildwerte ein, dass sein Wissen darüber meine eigenen Landsleute oft erstaunte und zum Schweigen brachte. Darüber hinaus stellte er sich, nachdem er sich vorgenommen hatte, japanische Malerei zu studieren, einem unserer berühmtesten Künstler an und machte durch tägliches Arbeiten mit unvermindertem Eifer in verhältnismäßig kurzer Zeit erstaunliche Fortschritte in dieser Kunst. Auf einer unserer öffentlichen Kunstausstellungen stellte er ein Gemälde von Tauben aus, die über einen Bambushain fliegen, was von allen sehr bewundert und gelobt wurde, aber niemand konnte glauben, dass es sich um das Werk eines Ausländers handelte. Zum Abschluss der Ausstellung wurde ihm ein Diplom verliehen, das seine Verdienste bescheinigte. Viele Menschen begehrten das Gemälde, aber da es mir ursprünglich angeboten wurde, besitze ich es immer noch. Von Zeit zu Zeit erfrische ich meine Augen mit der Arbeit und stelle sie mit großer Freude meinen Freunden aus. Danach stellte Herr Bowie, der stets mit dem Malen bemerkenswerter Bilder auf japanische Art beschäftigt war, diese häufig auf den verschiedenen Kunstausstellungen Japans aus und wurde bei zwei Gelegenheiten von unserem Kaiser und unserer Kaiserin besonders geehrt, die beide den Wunsch äußerten, sie zu besitzen seine Arbeit, und Herr Bowie hatte die Ehre, dasselbe unseren kaiserlichen Majestäten anzubieten.

Sein Ruf verbreitete sich bald weit und breit und die Nachfrage nach seinen Gemälden war so zahlreich, dass er ununterbrochen Zeit damit verbrachte, der Nachfrage nachzukommen.

Jetzt ist er dabei, ein Werk über japanische Malerei zu veröffentlichen, um die Menschen westlicher Nationen über unsere Kunst aufzuklären und zu unterrichten. Da ich glaube, dass ein solches Buch einen großen Einfluss auf die Förderung freundlicher Gefühle zwischen Japan und Amerika haben muss, indem es dafür sorgt, dass die Gefühle unseres Volkes und die Bedingungen unseres nationalen Lebens weithin bekannt werden, wage ich es, ein paar Worte zu den Umständen zu sagen wodurch ich den Autor zum ersten Mal kennenlernte.

Hirai Kinza ,

Vorwort

Dieser Band enthält den Inhalt von Vorträgen über die Gesetze und Kanones der japanischen Malerei, die vor der Japan Society of America, dem Sketch Club of San Francisco, den Kunststudenten der Stanford University, dem Saturday Afternoon Club of Santa Cruz und der Arts and Crafts Guild gehalten wurden of San Francisco und das Art Institute der University of California.

Das Interesse, das das Thema geweckt hat, bestärkt die Überzeugung, dass eine umfassendere Kenntnis der wesentlichen Prinzipien, die der Malerei in Japan zugrunde liegen, zu einer fundierten Wertschätzung der künstlerischen Arbeit dieses Landes führen wird.

Japanische Kunstbegriffe und andere als wichtig erachtete Wörter wurden bewusst beibehalten und übersetzt, um Schülern zu helfen, die sich ernsthaft mit der japanischen Malerei bei einheimischen Meistern beschäftigen möchten. Diese in Kleinbuchstaben gedruckten Begriffe sind chinesischen Ursprungs; alle anderen in Kursivschrift sind japanisch.

Alle den Text veranschaulichenden Zeichnungen wurden speziell von Herrn Shimada Sekko angefertigt , einem forschenden und begabten Künstler, der sich unter David Starr Jordan seit langem mit wissenschaftlichen Illustrationen im Zusammenhang mit der Smithsonian Institution beschäftigt.

Der Autor entschuldigt sich für alle Verweise auf persönliche Erfahrungen, die er sicherlich weggelassen hätte, wenn er die folgenden Seiten als mehr als eine informelle Einführung des Lesers in das Studium der japanischen Malerei betrachtet hätte.

KAPITEL EINS.
PERSÖNLICHE ERFAHRUNGEN

Im Jahr 1893 machte ich einen kurzen Besuch in Japan, und als ich mich für vieles, was ich dort sah, interessierte, unternahm ich im folgenden Jahr eine zweite Reise in dieses Land. Als ich meinen Wohnsitz in Kyoto bezog, beschloss ich, die japanische Sprache zu studieren und nach Möglichkeit zu beherrschen, um die Menschen, ihre Institutionen und die Zivilisation gründlich zu verstehen. Mein Studium begann bei Tagesanbruch und dauerte bis zum Mittag. Da die Nachmittage frei waren, kam mir der Gedanke, dass ich mich gewinnbringend mit dem Thema der japanischen Malerei befassen könnte. Die Stadt Kyoto war schon immer die Hochburg der japanischen Kunst. Zu dieser Zeit lebte dort noch der große Künstler Ko No Bairei und einer seiner angesehenen Schüler, Torei Nishigawa wurde mir als Kunstlehrer wärmstens empfohlen. Bairei hatte erklärt, Toreis Fähigkeiten seien so groß, dass er im Alter von achtzehn Jahren alles gelernt habe, was er ihm beibringen konnte. Torei war jetzt über dreißig Jahre alt und ein perfekter Typ seiner Art, voller Können, Gelehrsamkeit und Humor. Er gab mir meine erste Unterrichtsstunde und ich war einfach hingerissen.

Es war, als hätte sich der Himmel geöffnet, um ein neues Reich der Kunst zu offenbaren. Er nahm seinen Pinsel in die Hand und hatte mit wenigen Strichen ein Meisterwerk geschaffen, eine Loquot *(Biwa)* Zweig, dessen Blätter sich um die reife Frucht gruppieren. Voller Instinkt für Leben und Schönheit schien es vor meinen Augen tatsächlich gewachsen zu sein. Von diesem Moment an begann meine Begeisterung für die japanische Malerei. Ich blieb zwei Jahre oder länger unter Nishigawa und arbeitete täglich von Mittag bis zum Einbruch der Dunkelheit eifrig auf den Knien und malte nach japanischer Methode auf Seide oder Papier, die flach vor mir ausgebreitet waren.

Japanische Maler werden im Allgemeinen danach klassifiziert, worauf sie sich beschränken. Einige sind als Figurenmaler bekannt (JIM BUTSU) oder Tiere (DO BUTSU) , andere als Landschaftsmaler (SAN SUI) , wieder andere als Blumen- und Vogelmaler (KA CHO) , wieder andere als Maler religiöser Themen (BUTSU) GWA) und so weiter. Torei war ein Maler von Blumen und Vögeln, und die von ihm gemalten Bilder sind wirklich genauso schön wie ihre Vorbilder in der Natur. Auf Tafel VII ist ein Exemplar seines Werkes abgebildet. Er ist heute einer der führenden Künstler Osakas und hat viel dazu beigetragen, die Malerei in dieser Handelsstadt wiederzubeleben.

Da ich mir etwas Wissen über japanische Landschaftsmalerei aneignen wollte, hatte ich das Glück, als nächstes Unterricht bei dem angesehenen

Kubota Beisen zu erhalten , einem der beliebtesten und begabtesten Künstler des Reiches.

Gemeinsam mit mehreren seiner Freunde und ehemaligen Schüler besuchte ich ihn. Nach den üblichen zeremoniellen Worten wurde er gefragt, ob er freundlicherweise etwas zu unserer Freude malen würde. Ohne zu zögern breitete er ihm ein großes Blatt chinesisches Papier (TOSHI) AUS , und nach wenigen Augenblicken wurden wir von einer Krähe festgehalten, die sich an den Zweigen eines Kakibaums festklammerte und versuchte, an der Frucht zu picken, die nur ein wenig außer Reichweite war. Die Arbeit schien die eines Zauberers zu sein. Ich flehte ihn sofort an, mir Anweisungen zu geben. Er stimmte zu und so begann eine Bekanntschaft und Freundschaft, die bis zu seinem Tod vor einigen Jahren andauerte. Fünf Jahre lang arbeitete ich treu unter seiner Anleitung, jeden Tag der Woche, auch sonntags. Ich wurde nie müde; Tatsächlich wollte ich nie aufhören. Jeder Pinselstrich schien magisch zu sein. (Tafel IV.) In vielerlei Hinsicht war er einer der klügsten Künstler, die Japan je hervorgebracht hat. Er war sowohl Autor als auch Maler und schrieb viel über Kunst. Auf dem Höhepunkt seines Ruhms wurde er hoffnungslos blind und starb vor Kummer – er konnte nicht mehr malen.

Während ich einige Jahre in Tokio lebte, malte ich ständig unter der Leitung von zwei anderen Künstlern: Shimada Sekko , der heute für seine Fische bekannt ist; und Shimada Bokusen , ein Schüler von Gaho und bekannt für seine Landschaftsmalerei im Kano-Stil; so dass ich nach neun Jahren voller Hingabe und Arbeit, die ich der japanischen Malerei gewidmet habe, ein ziemlich gutes Verständnis ihrer Theorie und Praxis erlangen konnte.

Es mag seltsam erscheinen, dass jemand, der kein Orientale ist, sich so für die japanische Malerei interessiert und ihr so viel Zeit und harte Arbeit widmet; Aber Tatsache ist, dass man, wenn man sich ernsthaft mit dieser Kunst beschäftigt , leicht von ihrer Faszination erfasst wird. Da die Menschen in Japan die Kunst in all ihren Erscheinungsformen lieben, wird der Ausländer, der auf ihre Weise malt, bei ihnen doppelt willkommen geheißen; Somit werden ideale Bedingungen geschaffen, unter denen das dortige Kunststudium betrieben werden kann.

Mein Gedächtnis zeichnet in dieser Hinsicht nichts als Freundlichkeit auf. Während meines langen Aufenthalts in Kyoto wurden mir ständig wertvolle Gemälde alter Meister zugesandt, um mich daran zu erfreuen und zu unterrichten, die nach kurzer Zeit durch andere Werke der verschiedenen Schulen ersetzt wurden. Diese Aufmerksamkeit habe ich vor allem dem verstorbenen Herrn Kumagai zu verdanken , einem der angesehensten Bürger und Kunstmäzene Kyotos. Ohne Beispiele für die Großzügigkeit der Japaner und ihr Interesse an den Bemühungen eines Ausländers, ihre Kunst zu studieren, zu vervielfachen, möchte ich die Schenkung zweier originaler Drachengemälde durch den Abt von Ikegami erwähnen, die Kano Tanyu für diesen Tempel angefertigt hat . In meiner Wohnung in Tokio trafen sich häufig viele der führenden Künstler dieser Stadt, und die GASSAKU- Malerei war ausnahmslos unsere Hauptbeschäftigung. Der große Dichter Fukuha Der inzwischen verstorbene Bisei gesellte sich häufig zu uns und verschönerte jedes Gemälde mit seinen bezaubernden Inspirationen in Versen, die er in seiner unnachahmlichen *Kana*- Schrift darauf schrieb. Dieser Adlige hatte IHM Mutsu Hito, dem vorherigen Kaiser und dem jetzigen Kronprinzen die Kunst der Poesie beigebracht.

KAPITEL ZWEI.
KUNST IN JAPAN

Wenn ich mich einer kurzen Darstellung der Gesetze der japanischen Malerei nähere, ist es nicht meine Absicht, für diese Kunst eine Überlegenheit gegenüber jeder anderen Art von Malerei zu beanspruchen; Ich werde auch nicht zugeben, dass sie anderen Malschulen unterlegen ist. Ich würde eher sagen, dass es Zeitverschwendung ist, Vergleiche anzustellen. Es sei nur daran erinnert, dass kein japanisches Gemälde richtig verstanden und geschweige denn geschätzt werden kann, wenn wir nicht mit den Gesetzen vertraut sind, die seine Entstehung steuern. Ohne dieses Wissen ist Kritik – das Loben oder Verurteilen eines japanischen Kunstwerks – ohne Gewicht und Wert.

Japanische Maler lächeln müde, wenn sie erfahren, dass Ausländer ihre Werke als flach und bestenfalls lediglich dekorativ betrachten; dass ihre Bilder keine mittlere Entfernung oder Perspektive haben und keine Schatten enthalten; Tatsächlich steckt die Kunst der Malerei in Japan noch in den Kinderschuhen. Als Antwort auf all das genügt die Feststellung, dass alles, was ein japanisches Gemälde nicht enthält, absichtlich weggelassen wurde. Bei japanischen Künstlern ist es eine Frage des Urteilsvermögens und des Geschmacks, was gemalt und was besser weggelassen werden soll. Sie zielen niemals auf fotografische Genauigkeit oder ablenkende Details ab. Sie malen, was sie fühlen und nicht, was sie sehen, aber sie sehen zunächst sehr deutlich. Es ist der künstlerische Eindruck (SHA I) , den sie in ihrer Arbeit aufrechtzuerhalten versuchen. Was die Perspektive betrifft, werden Künstler in der großen Abhandlung von Chu Kaishu mit dem Titel „The Poppy-Garden Art Conversations", einem Werk, das die Grundgesetze der Landschaftsmalerei festlegt, ausdrücklich davor gewarnt, das Prinzip der Perspektive namens „ EN KIN" ZU MISSACHTEN. was bedeutet, was fern und was nah ist. Das Titelbild des vorliegenden Bandes veranschaulicht, wie geschickt die Perspektive in der japanischen Kunst erzeugt wird (Tafel I).

Japanische Künstler sind leidenschaftliche Naturliebhaber; Sie beobachten ihre wechselnden Stimmungen genau und entwickeln jedes Gesetz ihrer Kunst aus solch unaufhörlichem, geduldigem und sorgfältigem Studium.

Diese Gesetze (insgesamt gibt es 72, die als wichtig anerkannt werden) sind für den Uneingeweihten ein versiegeltes Buch. Ich habe einmal einen gelehrten Japaner gebeten, einige Kunstbegriffe in einem Werk über japanische Malerei zu übersetzen und zu erklären. Er erklärte offen, dass er dazu nicht in der Lage sei, da er nie Malerei studiert habe.

Die Japaner sind unbewusst ein kunstliebendes Volk. Gerade ihre Ausbildung und ihre Umgebung machen sie dazu. Wenn das japanische Kind im zarten Alter zum ersten Mal seine kleine Reisschüssel nimmt, werden ihm ein Paar winzige Essstäbchen in die rechte Hand gegeben. Er ergreift sie wie einen Dolch. Seine Mutter zeigt ihm dann, wie er sie manipulieren soll. Er hat eine erste Lektion im Umgang mit dem Pinsel erhalten. Mit der Übung wird er geschickter , und eine seiner frühesten Freizeitbeschäftigungen besteht darin, mit Stäbchen einzelne Reiskörner und andere winzige Gegenstände aufzusammeln, was keine leichte Aufgabe ist. Es erfordert große Geschicklichkeit. Er lernt unmerklich den Umgang mit der Doppelbürste (NI HON *fude*), bei dem ein Künstler unter anderem mit einem Pinsel Farbe aufträgt und mit einem anderen die Farbe verdünnt oder abschattet (*kumadori*), wobei er beide Pinsel gleichzeitig in derselben Hand, aber mit unterschiedlichen Fingern hält.

Im Alter von sechs Jahren wird das Kind zur Schule geschickt und lernt, mit einem Pinsel die phonetischen japanischen Zeichen (an der Zahl 47) zu schreiben, aus denen die japanische Silbe besteht. Diese Zeichen stellen die siebenundvierzig reinen Laute der japanischen Sprache dar und werden zum Schreiben verwendet. Sie werden *Katakana* genannt und sind vereinfachte chinesische Schriftzeichen, die jeweils aus zwei oder drei Strichen bestehen. Mit ihnen kann jedes Wort auf Japanisch geschrieben werden. Es dauert ein Jahr, bis ein Kind alle diese Zeichen lernt und sie aus dem Gedächtnis aufschreibt, aber sie sind ein hervorragendes Training sowohl für das Auge als auch für die Hand.

Sein nächster Bildungsschritt besteht darin, zu lernen, dieselben Laute in einer anderen Schrift namens *Hiragana zu schreiben*. Diese Zeichen sind kursiv oder abgerundet, während die *Katakana* sind mehr oder weniger quadratisch. Hiragana_ _ sind eleganter und können schneller geschrieben werden, sind aber auch komplizierter.

Durch die tägliche Praxis wird eine gründliche Schulung im Umgang mit dem Pinsel und in der freien Bewegung des rechten Arms und Handgelenks sichergestellt und dem Auge unmerklich die vielen Unterschiede zwischen der quadratischen und der Schreibschrift vermittelt. Bevor das Kind acht Jahre alt ist , ist es ziemlich geschickt darin, mit dem Pinsel beide Arten von *Kana zu schreiben*.

Als nächstes lernt er die einfacheren chinesischen Schriftzeichen, chinesische Kanji UND Ideogramme. Diese sind äußerst raffiniert konstruiert und für die weitere Schulung von Auge und Hand von großer Bedeutung.

Diese wunderbar gestalteten Formen sprechen den künstlerischen Sinn so sehr an, dass die so früh erworbene Vorliebe für sie so manchen japanischen Gelehrten dazu veranlasst, sein ganzes Leben dem Studium und der

Kultivierung dieser Formen zu widmen. Solche Autoren werden zu Profis und werden SHOKA GENANNT . Der wohl bekannteste in ganz China war Ogishi . Japan hat viele solcher berühmten Männer hervorgebracht, aber keiner ist größer als Iwaya Ichi Roku, der einen unsterblichen Namen hinterlassen hat.

Aus dem, was über das Schreiben mit dem Pinsel gesagt wurde, wird deutlich, dass die Jugend, die sich für eine Karriere in der Kunst entscheiden könnte, bereits gut auf schnelle Fortschritte in diesem Beruf vorbereitet ist. Seine Hand und sein Arm haben eine große Bewegungsfreiheit erlangt. Sein Auge wurde darauf trainiert, die unterschiedlichen Linien und Feinheiten der Striche und Zeichen zu beobachten, und sein Gefühl für Gleichgewicht, Proportionen, Akzent und Strichreihenfolge wurde unmerklich nach subtilen Prinzipien entwickelt, die alle auf künstlerische Ergebnisse abzielen.

Die Kenntnis chinesischer Schriftzeichen und die Fähigkeit, sie richtig zu schreiben, gelten in der japanischen Kunst als von größter Bedeutung. Ein erster Rat, den Kubota Beisen mir gab, war, mit diesem Studium zu beginnen , und er stellte mich persönlich Ichiroku vor , der von diesem Zeitpunkt an freundlicherweise meine langjährige Arbeit im chinesischen Schreiben betreute, eine Beschäftigung, die wirklich fesselnd und fesselnd war.

In allen japanischen Schulen werden die Grundlagen der Kunst gelehrt und den Kindern beigebracht, das Schöne in der Natur wahrzunehmen, zu fühlen und zu genießen. Es gibt keine Stadt, kein Dorf und keinen Weiler in ganz Japan, in dem es im Frühling nicht Pflaumen- und Kirschblütenplantagen, im Sommer Pfingstrosen und Lotusteiche, im Herbst Chrysanthemen und im Winter Kamelien, Bergrosen und rote Beeren gibt. Die Schulkinder werden immer wieder dazu gebracht, diese zu sehen und sie untereinander zu offenbaren. Es ist Teil ihrer Ausbildung. Während des Schuljahres werden in festgelegten Abständen Ausflüge organisiert, die Undokai genannt werden. Die Schüler wandern fröhlich in entfernte Teile des Landes, singen dabei patriotische und andere Lieder und genießen die Aussicht auf Wasserfälle, breite und gewundene Flüsse, herbstliche Ahornbäume ODER SCHNEE - bedeckte Berge. Darüber hinaus werden Ausflüge zu allen berühmten Tempeln und historischen Orten unternommen, einschließlich der drei großartigen Aussichtspunkte Japans – Matsushima, Ama No Hashi Date und Myajima – ganz in der Nähe . Dadurch wird die Vorliebe für die Landschaft geweckt und zur zweiten Natur. Darüber hinaus werden die Wissenschaftler dazu ermutigt, alle Lebensformen, einschließlich Schmetterlinge, Grillen, Käfer, Vögel, Goldfische, Schalentiere und dergleichen, genau zu beobachten. und ich habe Miniatur-Landschaftsgärten gesehen, die von japanischen Kindern angelegt wurden und bezaubernde Ausblicke geschickt nachbildeten und in einer flachen Kiste oder einem Tablett untergebracht waren. Diese sanfte kleine Kunst nennt man BONSAI oder *Hako Niwa* .

Die Teezeremonie, von Miss Uyemura Schuhn . Platte II.

Mit dieser Anspielung möchte ich darauf hinweisen, dass ein Junge, der die Schule verlässt, bereits viel künstlerische Ausbildung in sich aufgenommen hat und ziemlich gut für den Beginn eines Spezialkurses an den Kunstschulen des Imperiums gerüstet ist.

Diese Schulen unterscheiden sich in ihren Unterrichtsmethoden, und während der gegenwärtigen Regierungszeit, der Meiji-Zeit, wurden viele Änderungen an ihnen vorgenommen, aber im Wesentlichen dauert der Kurs drei bis vier Jahre und umfasst das Kopieren (isha) . *Mitori*), Nachzeichnen (MOSHA , *tsuki-utsushi*) , reduzierend (SHUKUZU , *chijime-ru*) und Komponieren (SHIKO, *Tsukuri- Kata*).

Beim Kopieren malt der Lehrer in der Regel zunächst das jeweilige Thema und der Schüler reproduziert es unter seiner Aufsicht. Kubotas unveränderliche Methode bestand darin, den Schüler am nächsten Tag aufzufordern, das so kopierte Thema aus dem Gedächtnis (AN KI) zu reproduzieren . Das erzeugt Vertrauen. Beim Durchpausen wird dünnes Papier über das Bild und die Umrisse gelegt (RIN KAKU) werden anhand der *genauen Reihenfolge verfolgt* , in der das ursprüngliche Subjekt ausgeführt wurde, einer Reihenfolge, die durch die Regel festgelegt ist; Dadurch werden ein richtiger Stil und eine richtige Pinselgewohnheit erworben. Für die künstlerische Wirkung eines Gemäldes ist die richtige Reihenfolge der Linien und Bildteile von größter Bedeutung.

Indem man den Umfang des Untersuchten verkleinert, lernt man unmerklich die Gesetze der Proportionen. Dies ist später beim Skizzieren (SHASSEI) von großem Nutzen . Ich glaube, dass in der Gewohnheit des Reproduzierens, wie sie in den Schulen gelehrt wird, das Geheimnis der außergewöhnlichen Fähigkeiten des japanischen Kunsthandwerkers liegt, der wunderbare Effekte erzielen kann, indem er Landschaften und andere Motive auf kleinste Dimensionen komprimiert und dabei dennoch die richtigen Proportionen und das richtige Gleichgewicht bewahrt . Nichts kann die Miniaturlandschaftsarbeit des berühmten Kaneiye , wie sie in seinen unschätzbaren Schwertschützern *(Tsuba) zum Ausdruck kommt, meisterhaft reduzieren.*

Das Skizzieren kommt später im Kurs und wird erst gelehrt, nachdem in den anderen drei Abteilungen entsprechende Kenntnisse erworben wurden. Es umfasst alles innerhalb und außerhalb der Türen – alles im Universum, das Form oder Gestalt hat, geht in das Skizzenbuch des Künstlers (KEN KON) EIN *Nein Uchi* KEI SHO *Arumono Mina* LUSTIGER PON *to nasu) – und* ist Teil des Kompositionskurses, der auf die Entwicklung der Vorstellungskraft (SOZO) ABZIELT . Kubota war beim Skizzieren so geschickt, dass er während seiner schnellen Reise durch ein Land die hervorstechenden Merkmale einer ausgedehnten Landschaft originalgetreu wiedergeben konnte, ganz im Einklang mit der allgemeinen Regel beim Skizzieren, dass das, was zuerst ins Auge fällt, zuerst gemalt werden muss, während alles andere untergeordnet ist es im Schema. Auch hier konnte er die Szenerie und die Charaktere jedes historischen Liedes *(Joruri) so malen* , wie es ihm vorgesungen wurde, wobei er alles darin Beschriebene reproduzierte und sein Werk genau im richtigen Takt mit dem letzten Takt der Musik beendete. Sein Arm und sein Handgelenk waren so frei und flexibel, dass sein Pinsel mit der Geschwindigkeit einer Libelle hin und her hüpfte. Als beiläufiger Maler (SEKIJO) oder als Mitwirkender an einem spontanen Bild, an dem mehrere Künstler abwechselnd beteiligt sind, wobei eine solche gemeinsame Komposition als GASSAKU bekannt ist , nahm Kubota unter den modernen japanischen Künstlern *einen einfachen Princeps ein.* Die Kyoto-Maler waren in dieser Art von Leistung schon immer die begabtesten. Zu ihrer Zeit war Watanabe Nangaku , ein Schüler von Okyo , Bairei und Hyakunen , alle in Kyoto, als SEKIJO- MALER berühmt .

Der Kunststudent, der seinen Kurs abgeschlossen hat, ist nun qualifiziert, sich einigen der großen Künstler anzuschließen, in deren Familie er aufgenommen wird und deren *Deshi* oder Kunstschüler er von diesem Zeitpunkt an wird. Die Beziehung zwischen einem solchen Meister (SENSEI) und seinem Schüler *(Deshi)* ist die freundlichste, die man sich vorstellen

kann. Tatsächlich ist *Deshi* ein sehr schönes Wort, das „jüngerer Bruder"
bedeutet und erstmals auf die buddhistischen Schüler von Shakka
angewendet wurde . Der Meister behandelt ihn wie einen Angehörigen seiner
Familie und der Schüler verehrt den Meister als seine Göttlichkeit. Größere
gegenseitige Achtung und Zuneigung gibt es nirgendwo und viele Schüler
bleiben bis zu seinem Tod mehr oder weniger dem Haushalt des Meisters
verbunden. Dem treuesten und geschicktesten von ihnen verleiht oder
vermacht der Meister seinen Namen oder einen Teil davon oder sein Nom
de Plume (GEHEN); und so wurden die berühmten Schulen (RYUGI oder HA
oder FU) DER JAPANISCHEN MALEREI, BEGINNEND MIT Kanaoka , Tosa ,
Kano und Okyo , gegründet und aufrechterhalten und durch
hingebungsvolle, und ich könnte sagen, heilige Bemühungen der Nachwelt
überliefert ihrer Schüler, um die Methoden und Traditionen dieser großen
Männer zu bewahren. Die Schüler der früheren Maler nahmen die
Familiennamen ihrer Meister an, weshalb es so viele Tosas und Kanos gibt.

Große Maler genießen in Japan seit jeher hohes Ansehen, nicht nur bei ihren
Schülern, sondern im ganzen Land. Chikudo , der angesehene Tigermaler,
Bairei , einer der berühmtesten Vertreter der SHIJO- HA- oder Maruyama-
Schule, Hashimoto Gaho , ein Schüler von Kano Massano und führender
Vertreter des Kano-Stils (Kano HA), und Katei, eine Nangwa -Künstlerin,
alle erst vor kurzem verstorben, wurden zu ihren Lebzeiten verherrlicht.
Seltsamerweise hat niemand Gaho jemals mit einem Pinsel in der Hand
gesehen. Er malte nie vor seinen Schülern oder in deren Gegenwart. Seine
Anweisungen erfolgten mündlich. Andererseits war Kubota Beisen immer
von seiner besten Seite, wenn er vor einer Menge Bewunderer malte.

Vor der Meiji-Zeit wurden die großen Maler, die dem Haushalt eines Daimyo
angehörten, *O Eshi genannt* . Maler, die ihre Gemälde verkauften, wurden als
E-Kaki bezeichnet. Jetzt heißen alle Maler GWA KA. Graveure, Bildhauer,
Grafiker und dergleichen wurden und werden immer noch SHOKUNIN
GENANNT , was Handwerker bedeutet. Der umfassende Begriff „Bildende
Kunst" (BIJUTSU) ist in Japan eine recht junge Erfindung.

Um ein paar Worte zu den verschiedenen Malschulen in Japan zu sagen: Es
gab dort große Künstler, viele Jahrhunderte bevor Italien Michael Angelo
oder Raffael hervorgebracht hatte. Die Kunst der Malerei begann vor mehr
als fünfzehnhundert Jahren und hat sich von dieser fernen Zeit bis zum
vierundvierzigsten Jahr der Meiji-Regierung, dem jetzigen Kaiser,
ununterbrochen weiterentwickelt. Kein anderes Land der zivilisierten Welt
kann einen solchen Kunstrekord vorweisen. Eintausend Jahre vor der
Entdeckung Amerikas, fünfhundert Jahre bevor England einen Namen
bekam und lange bevor die Zivilisation in Europa irgendeine Bedeutung

hatte, gab es in Japan Künstler, die dem Beruf der Malerei mit der gleichen Begeisterung und der gleichen Intelligenz nachgingen, die sie jetzt verleihen ihre Kunst in diesem zwanzigsten Jahrhundert unserer Zeitrechnung.

Als dort im sechsten Jahrhundert der Buddhismus eingeführt wurde, begann eine große Schule buddhistischer Künstler ihre lange Karriere. Zu den Namen, die aus dem Nebel der Jahrhunderte hervorstechen, gehört der von Kudara no Kawanari , der aus Korea stammte .

Im neunten Jahrhundert lebte der berühmte Kose Kanaoka . Er malte im sogenannten rein japanischen Stil, *Yamato e, Yamato* ist der früheste Name, mit dem Japan bezeichnet wurde. Er malte Porträts und Landschaften und seine Schule erfreute sich einer großen Anhängerschaft und überdauerte fünf Jahrhunderte. Kose Kimi Mochi, sein Schüler, Kimitada und Hirotaka waren angesehene Schüler Kanaokas .

die Tosa- Schule, beginnend mit Tosa Motomitsu, gefolgt von Mitsunaga , Nobuzane und Mitsunobu . Es stammt aus der Zeit des Kamakura-Shogunats vor achthundert Jahren. Seine Künstler beschränkten sich hauptsächlich auf die Malerei von Hofszenen, Hofadligen und den verschiedenen Zeremonien des Hoflebens. Diese Schule verwendete in ihren Gemälden immer Farbe.

Nach Tosa kamen die Schulen Sumiyoshi, Takuma, Kassuga und Sesshu . Sesshu war ein Genie von gewaltigen Ausmaßen und ein unermüdlicher Künstler von höchstem Rang als Landschaftsmaler. Er hatte einen berühmten Schüler namens Sessionon .

Nach Sesshu entstand die berühmte Schule der Kano-Künstler, die im 16. Jahrhundert von Kano Masanobu gegründet wurde. Es nahm Japan gefangen. Es hatte eine enorme Popularität und Anhängerschaft und ist durch eine Reihe großer Maler bis heute erhalten geblieben. Es gab zwei Zweige, einen in Edo (Tokio), zu dem Kano Masanobu, Motonobu , sein Sohn, Eitoku , Motonobus Schüler, und später Tanyu (Morinobu) Tanshin , sein Schüler, Koetsu , Naonobu , Tsunenobu , Morikage , Itcho und gehörten schließlich Hashimoto Gaho , sein jüngster angesehener Vertreter, der erst kürzlich verstorben ist. Der andere Zweig, bekannt als Kyoto Kano, umfasste die berühmten San Raku, Eino , San Setsu und andere. Von einigen Kritikern wird San Raku an die Spitze aller Kano-Künstler gestellt.

Die Kano-Maler zeichnen sich durch die Kühnheit und lebendige Kraft der Pinselstriche (*fude no chicara* oder *fude no ikioi*) sowie durch die Brillanz bzw. den Glanz (*tsuya*) und die Schattierung der *Sumi aus. Dieser letztere Effekt — das Spiel von Licht und Schatten im Strich, das fast als göttliche Gabe angesehen wird — wird* BOKUSHOKU *genannt* UND *erinnert ein wenig an den Begriff* Chiaroscuru.

Das Themenspektrum der Kano-Maler beschränkte sich ursprünglich auf klassische chinesische Landschaften, die mit Einfachheit und Raffinesse behandelt wurden, sowie auf chinesische Schriftzeichen, Weise und Philosophen; Farbe wurde sparsam eingesetzt.

Als nächstes folgten andere Schulen, mehr oder weniger Ableger des Kano-Malstils (RYU) , Z. B. Korin und sein Nachahmer Hoitsu , der DAIMYO VON SAKAI, DER ANGEBLICH GOLDPULVER UND EDELSTEINE in seinen Pigmenten verwendete . Als Lackmaler hatte Korin noch nie seinesgleichen. Seine Arbeit soll *der Genuss von Delikatessen sein* .

Ein weiterer Schüler der Kano-Schule und Schüler von Yutei war Maruyama Okyo , der wiederum eine Kunstschule gründete, die heute die am weitesten verbreitete und blühendeste in Japan ist. Maruyama, nicht Okyo , war der Familienname dieses Künstlers. Der Name Okyo entstand folgendermaßen: Maruyama, der einen alten Maler namens Shun Kyo sehr bewunderte , nahm die zweite Hälfte dieses Namens, Kyo , und stellte ihm ein „O“ voran, um daraus Okyo zu machen , das er dann übernahm. Sein Stil wird „SHI JO FU“ genannt , WOBEI „SHI JO“ der Name des Teils von Kyoto ist, in dem er lebte, und „ FU“ „Stil“ oder „Stil“ bedeutet, und sein Merkmal ist die künstlerische Treue zu den dargestellten Objekten. Von manchen wird sie als realistische Schule bezeichnet und umfasst so bekannte bekannte Namen wie Goshun , Schüler von Busson , Sosen , den großen Affenmaler, Tessan (Tafel III.) und sein Sohn Morikwansai , Bairei , Chi-kudo, der Tigermaler, Hyakunen und seine drei Schüler Keinen , Shonen und Beisen , Kawabata Gyokusho , Torei , Shoen und Takeuchi Seiho .

Es gibt noch andere Schulen (RYUGI) , die erwähnt werden könnten, darunter die der NANGWA , oder chinesischen Südmaler, chinesischer Herkunft und bemerkenswert für die Anmut des Pinselstrichs, die wirkungsvolle Behandlung der Massen und für das Spiel von Licht und Schatten in der gesamten Komposition. Zu den großen NANGWA- Malern zählen Taigado , Chikuden und Baietsu (Tafel VIII) und Katei. Zu dieser Schule gehört ein Malstil, der ausschließlich von professionellen Schriftstellern chinesischer Schriftzeichen beeinflusst wird und BUNJINGWA GENANNT WIRD . Auf diese werde ich weiter unten noch näher eingehen. Die vielseitige Künstlerin Tani Buncho gründete eine Schule, die viele Anhänger hatte, darunter den angesehenen Watanabe Kwazan und den verstorbenen Eiko aus Tokio, einen ihrer besten Vertreter.

Die Kunst der Malerei wird derzeit in Kyoto, Tokio, Nagoya und Osaka mit Begeisterung betrieben. In Tokio galt Hashi Moto Gaho bis zu seinem Tod im Jahr 1908 allgemein als der bedeutendste Künstler Japans. Obwohl er der Kano-Schule angehörte, bewunderte er die europäische Kunst sehr, und die

Behandlung der menschlichen Figur in einigen seiner neuesten Gemälde erinnert an die Art der frühen flämischen Künstler.

Mein erstes Treffen mit Gaho fand bei ihm zu Hause statt. Während ich auf ihn wartete, beobachtete ich im *Tokonoma* oder Alkoven ein schmales kleines *Kakemono* von Kano Moto Nobu, das einen alten Mann auf einem Esel darstellte, der eine Brücke überquerte. Eine kleine Bronzevase mit einem einzelnen Blumenstrauß war die einzige Zierde im Raum. Dies gab den Grundton für Gahos Charakter – klassische Einfachheit, die sich stets in seiner Arbeit widerspiegelte. Er hatte viele Anhänger. Seine Methode, fortgeschrittene Schüler zu unterrichten, bestand darin, ihnen Themen wie „Ein Tag im Frühling" zu geben. "Einsamkeit," „Ein Herbstmorgen" oder ähnliches, und er bestand äußerst darauf, dass alle wesentlichen Elemente für die richtige Wirkung eingeführt wurden. Seine Kritik war immer leuchtend und sympathisch. Er riet seinen Schülern, alles Gute zu kopieren, aber niemanden nachzuahmen – um Individualität zu entwickeln. Er hinterließ drei sehr angesehene und fähige Schüler – Gyokudo , Kan Zan und Boku Sen.

Hühner im Frühling, von Mori Tessan . Tafel III.

Seit Gahos Tod ist Kawabata Gyokusho , ein Okyo- Künstler, der anerkannte Anführer der Hauptstadt. In Kyoto nimmt Takeuchi Seiho , ein früher Schüler von Bairei , mittlerweile den vordersten Platz ein, obwohl Shonen und Keinen , Schüler von Hyakunen , immer noch einen hohen Rang einnehmen.

In der Zeit von Tosa gibt es eine weitere Schule, die unter Matahei begann und über viele Generationen beliebter Künstler, darunter Utamaro, Yeisen und Hokusai, bis heute fortgeführt wurde. Dies ist die *Ukiyo e* oder die Schule der schwebenden Weltbilder. Es ist weitaus bekannter durch seine Drucke als durch seine Gemälde. Die großen Maler Japans haben diese Schule nie besonders geschätzt. Zu der einen oder anderen Zeit habe ich das Atelier fast aller angesehenen Künstler in Japan besucht und kenne die meisten der führenden Künstler dieses Landes persönlich. Ich habe noch nie einen japanischen Druck in ihrem Besitz gesehen, und ich kenne ihre Gefühle gegenüber all diesen Arbeiten. Ein Druck ist eine leblose Produktion, und es wäre für einen japanischen Künstler völlig unmöglich, Drucke ernsthaft in Betracht zu ziehen. Sie haben keinen höheren Stellenwert als geschnittene Samtdekorationen oder bestickte Paravents. Ich bin mir bewusst, dass solche Drucke bei vielen Liebhabern großen Anklang finden und von Sammlern sehr geschätzt werden; aber sie veranschaulichen nicht die Kunst, wie die Japaner diesen Begriff verstehen. Es muss jedoch zugegeben werden, dass die Drucke in mehrfacher Hinsicht von Nutzen waren . Sie lenkten erstmals die weltweite Aufmerksamkeit auf das Thema japanische Kunst im Allgemeinen. Beginnend mit einer Ausstellung dieser Werke vor einem halben Jahrhundert in London erfreuten sich die Drucke von Ukiyo oder Genrethemen schnell großer Beliebtheit und erregten seitdem die Aufmerksamkeit und Bewunderung von Sammlern in Europa und Amerika. Viele Menschen haben sogar den Eindruck, dass es sich bei den Drucken um japanische Malerei handelt, was natürlich ein großer Fehler ist. Es gab in Japan Künstler, die in der *Ukiyo- Manier Kakemono* , BYOBU und *Makimono* gemalt haben . Das Wort *Kakemono* wird auf ein Gemälde auf Seide oder Papier aufgetragen, auf eine Holzrolle gewickelt, abgerollt und zum Betrachten aufgehängt. *Kakeru* bedeutet „aufhängen" und „*mono*" bedeutet „ein Objekt", daher „ *kakemono* ", ein schwebendes Objekt. BYOBU bedeutet Windschutz oder Schirm; *Makimono* , was „verwundetes Ding" bedeutet, ist ein Gemälde in Rollenform. Es wird nicht aufgehängt, sondern zur Inspektion einfach ausgerollt. Ein solches Originalwerk von Matahei und anderen ist erhalten. Aber die meisten *Ukiyo e* , oder Bilder im populären Stil, sind aus Holzblöcken geschlagene Drucke und sind die gemeinsame Produktion des Künstlers, des Holzstechers, des Farbverschmierers und des Druckers, die alle dazu beigetragen haben und mehr oder weniger sind weniger Anspruch auf Anrechnung des Ergebnisses; und das ist einer der Gründe, warum die Künstlerwelt Japans sie ablehnt oder ignoriert; Sie sind nicht die spontane, lebendige, aufregende Produktion des Pinsels des Künstlers. Es ist bekannt, dass Künstler der *Ukiyo- e-* Schule häufig nur durch schriftliche Anweisungen angaben, wie ihre Umrisszeichnungen für die Drucke koloriert werden sollten , und die Einzelheiten dieser Arbeit dem Farbverschmierer überließen . Abgesehen von der Tatsache, dass die verwendeten Farben die billigsten waren, die der Markt zu bieten hatte, und dass sie oft umständlich aufgetragen wurden, sind die Drucke zu sehr gemessen, mechanisch und berechnet, um der japanischen Kunst im höchsten Sinne gerecht zu werden. Häufig war für einen einzelnen Druck mehr als ein Graveur tätig. Die Graveure hatten ihre Spezialitäten; Einige wurden für die Frisur oder den Kopfschmuck *(Magier) engagiert*, andere für die Gesichtslinien, andere für das Kleid *(Kimono)*, wieder andere für das Muster (MOYO) und so weiter. Die geschicktesten Graveure in Yedo wurden *Kashira genannt Bori* und wurden immer für Utamaro- und Hokusai-Drucke verwendet. Viele der Farben dieser Drucke in ihren sanften, neutralen Farbtönen werden von ausländischen Kennern schwärmerisch als Beweis für den wunderbaren Geschmack des japanischen Malers gepriesen. Aber in Wirklichkeit ist es mehr der Zeit als der Kunst zu verdanken, solche Farbtöne zu ihren gegenwärtigen zarten Farbtönen abzuschwächen. In dieser Hinsicht verbessern sie sich, ähnlich wie Perserteppiche, mit zunehmendem Alter und der Witterung. Ein weiterer Einwand gegen die meisten Drucke besteht darin, dass sie triviale, gewöhnliche, alltägliche Ereignisse im Leben der Masse der Menschen im weiteren Verlauf wiedergeben. Sie sind mehr oder weniger Plebejer. Da die Drucke für den Verkauf an das einfache Volk bestimmt waren, mussten die Motive, so geschickt sie auch bearbeitet waren, alltäglich sein. Sie wurden nicht vom Adel oder höheren Klassen gekauft. Soldaten, Bauern und andere kauften sie als Geschenke (*Miage*) für ihre Frauen und Kinder, und sie wurden im Allgemeinen für einen Cent pro Stück verkauft, so dass Drucke in Japan bei den unteren Schichten ein billiger Ersatz für Kunst waren, genau wie Raspail Knoblauch sagt war schon immer der Kampfer der Armen in Frankreich. Die Praxis, *Ukiyo- E-* Drucke zu sehr niedrigen Preisen herauszugeben, wird in Tokio immer noch fortgesetzt, wo alle ein oder zwei Wochen solche farbigen Veröffentlichungen vor den Buchständen aufgetaucht sind und vom einfachen Volk immer noch genauso eifrig gekauft werden wie zu Tokugawa Zeiten .

Die Preise, die die alten Drucke jetzt erzielen, stehen in keinem Verhältnis zu ihrem eigentlichen Wert, doch die Begeisterung, sie zu erwerben, ist so groß, dass Japan fast kein Angebot mehr hat, da die Anzahl der Drucke der besten Art begrenzt ist von Cremona-Geigen der guten Hersteller.

Drucke sind echte Originale einer Erst- oder Folgeausgabe, bzw. SHO GENANNT HAN und SAI HAN , oder es handelt sich um Reproduktionen, die mehr oder weniger geschickt auf neue Blöcke kopiert wurden, oder es handelt sich um betrügerische Nachahmungen (GANBUTSU) der Originalausgaben, die oft schwer zu erkennen sind. Die Wurmlöcher selbst werden mit SENKO- oder Parfümstäbchen hineingebrannt und geschickte Handwerker werden eingesetzt, um solche und andere Tricks zum Erfolg zu führen. Über ihre unehrlichen Machenschaften ließe sich ein langes Kapitel schreiben. Kopien echter Drucke (HON KOKU), die aus neuen Blöcken nach der Art der alten hergestellt wurden, gibt es in Hülle und Fülle und sie waren nicht dazu gedacht, als Originale durchzugehen. In Yedo , wo die Druckindustrie hauptsächlich betrieben wurde, gab es so viele zerstörerische Flächenbrände, dass die meisten der alten *Ukiyo- e-* Blöcke zerstört wurden. In Nagoya bewahrt das Haus To Heki Do noch die Originalblöcke der MANGWA oder verschiedene Zeichnungen von Hokusai auf , die jedoch stark abgenutzt sind. Drucke sind unter verschiedenen Namen bekannt, wie zum Beispiel *ezoshi* (Illustrationen), *nishiki e* , *edo e* (Yedo -Bilder), *sunmono* und INSATSU . Es könnte von Interesse sein zu wissen, dass die Druckstöcke, wenn sie so abgenutzt sind, dass sie für Drucke nicht mehr verwendbar sind, manchmal in Feuerkästen (Hibachi) *und* Tabaktabletts *(Tabakbon) umgewandelt werden* , die, wenn sie hochglanzpoliert sind, dekorativ und dekorativ sind einzigartig.

Möglicherweise dienten Drucke dazu, die Sitten und Gebräuche der Menschen in der Zeit, in der sie abgestrichen wurden, aufzuzeichnen. Sie zeigen nicht nur die vorherrschenden Kleidungs- und Kopfschmuckstile, sondern auch die Beschäftigungen und Vergnügungen des einfachen Volkes. Sie sind ausgezeichnete Bewahrer von Kleidungsmustern (MOYO) oder Dekorationen, ein fruchtbares Thema, bei dem Japan schon immer eine führende Autorität war. In der frühen Meiji-Zeit delegierten Druckmaler solche Arbeiten an winzigen Mustern häufig an ihre besten Schüler, deren Siegel (IN) auf den so ausgearbeiteten Drucken zu finden sind. Die Drucke bewahren die vorherrschende Mode verschiedener Epochen in Bezug auf Kämme und anderen Haarschmuck, Fächer, Fußbekleidung, Einzel- und Mehrfachschirme, Feuerkästen und andere Haushaltsgegenstände und - utensilien. Sie liefern auch Beispiele von Tempel- und Hausarchitektur, Gartenplänen und Blumenarrangements *(z. B Bana)*, Bambus, Zweige und andere Zäune. Auch hier reproduzieren sie die Bühne mit ihren berühmten Schauspielern in historischen Dramen; Kampfszenen mit Kriegern und Helden; Figuren aus Folklore- und anderen Geschichten sowie Ringkämpfe mit den beliebten Champions; und wir werden auf der Vorderseite des Drucks oft gute Reproduktionen chinesischer und japanischer Schriften in Gedichten und beschreibenden Prosastücken finden. Hokusai illustrierte einen Großteil der klassischen Poesie Chinas und Japans sowie den SENJIMON ODER den chinesischen Klassiker „Tausend Schriftzeichen", ein Werk, das früher allgemein in japanischen Schulen gelehrt wurde. Die Originalcharaktere dieser bemerkenswerten Zusammenstellung stammen aus den Schriften von Ogishi . Die Drucke haben dazu beigetragen, jungen Menschen Grundkenntnisse in Geschichte zu vermitteln. Das Wissen japanischer Kinder in diesem Zusammenhang ist oft bemerkenswert und kann auf den pädagogischen Einfluss der *Ukiyo- e-* Veröffentlichungen zurückgeführt werden.

also sicherlich gute Worte für die Drucke, aber sie sind keine japanische Kunst im besten Sinne, so interessant sie auch als untergeordnete Phase davon sein mag, und in keinem Sinne sind sie japanische Malerei.

Würde man sich auf die Wahl eines Künstlers der *Ukiyo- e-* Schule beschränken, würde man meiner Meinung nach keinen Fehler machen und sich für Hiroshige entscheiden, dessen Landschaften die Stimmung japanischer Landschaften ziemlich gut wiedergeben, obwohl die Drucke, die seinen Namen tragen, bei weitem nicht die Stimmung dieses Künstlers wiedergeben Farbschemata. Hokusais Ruf bei Ausländern ist größer als der von Hiroshige, aber japanische Künstler nehmen Hokusai nicht ernst. Seine Bilder, so behaupten sie, spiegeln die Unruhe seines Gemüts wider; Seine Fuji-Gipfel sind allzu spitz und seine Art ist im Allgemeinen übertrieben und theatralisch. Utamaros Frauen der Yoshiwara sind sicherlich sorgfältige Studien in anmutiger Linienzeichnung – so korrekt wie griechische Gewänder aus Marmor.

Ich war ein Matahei , der Gründer der Volksschule, war ein Schüler von Mitsunori , einem Künstler aus Kyoto und Anhänger von Tosa . Matahei mochte Tosa- Themen nicht und zog es vor, die flüchtigen Gebräuche der Menschen darzustellen, weshalb er den Spitznamen „Flüchtige Welt" oder „ *Ukiyo" erhielt* Matahei , und so entstand der Name *Ukiyo e* oder Bilder des Alltagslebens. Es gibt keine echten Matahei -Drucke. Er stammt aus dem siebzehnten Jahrhundert. Profilgesichter in Original-Leinwandgemälden von ihm haben einen assyrischen Gesichtsausdruck, wobei das Auge so gemalt ist, als ob es in vollem Gesicht gesehen würde.

Hishikawa Moronobu war sein Anhänger und Bewunderer. Er war ein Künstler von Yedo . Nishikawa Sukenobu gehörte zur Kano-Schule und war ein Schüler von Kano Eiko . Er übernahm den *Ukiyo- e-* Stil und stellte die Freizeitbeschäftigungen von Frauen und Porträts von Schauspielern dar. Er lebte vor zweihundertzwanzig Jahren und zu seiner Zeit kamen Drucke stark in Mode. Torii Kyonobu malte Frauen und Schauspieler und erfand die Art von abgebildeten Theaterkräften, die immer noch in Mode sind, an den Eingängen von Theatern angebracht sind und eindrucksvolle Ereignisse im Stück zeigen.

Suzuki Harunobu malte nie Schauspieler, sondern reproduzierte lieber die weiblichen Schönheiten seiner Zeit. Für seine sorgfältige Arbeit wurde aufgrund des Charmes seiner dekorativen Art erstmals der Begriff *Nishiki e oder Brokatbilder verwendet.* Er lebte vor einhundertdreißig Jahren.

Unter den vielen fähigen ausländischen Autoren japanischer Drucke nimmt Fenollosa eine herausragende Stellung ein. Er lebte lange Zeit in Japan, verstand und sprach die Sprache und lebte das Leben der Menschen. Er hatte große Sympathie für sie und ihre Kunst und genoss außergewöhnliche Gelegenheiten, die besten Schätze dieses Landes zu sehen und zu studieren. Hätte er die nötige Ausbildung besessen, um im japanischen Stil zu malen, hätte er meiner Meinung nach nicht so viel Zeit den japanischen Holzschnitten gewidmet. Als ich mich in Kyoto besuchte, wo ich eifrig mit Malen beschäftigt war, „Ah!" „Das ist es, wonach ich mich immer gesehnt habe", rief er . Früher oder später werde ich deinem Beispiel folgen." Aber das hat er nie getan. Stattdessen veröffentlichte er ein umfangreiches Werk über japanische Drucke. Sein Tod war ein echter Verlust für die Kunstliteratur Japans. Acht Jahre lang stand er im Dienste der japanischen Regierung und durchsuchte, katalogisierte und fotografierte die zahlreichen Kunstschätze, Gemälde, *Kakemono* , *Makimono* und BYOBU (Bilder, Schriftrollen und Bildschirme), die in den verschiedenen buddhistischen und anderen Tempeln und Klöstern zu finden waren über das ganze Reich verstreut. Als wir uns das letzte Mal trafen, bemerkte er: „Wie kann man dieses Land des Lichts freiwillig verlassen? Meiner Meinung nach steht Japan für alles, was in der Natur schön und in der Kunst wahr ist; hier hoffe ich, die verbleibenden Jahre meines Lebens zu verbringen." Das war sein echter Enthusiasmus, der aus einer langen Bekanntschaft mit der Kunst und allem anderen Schönen in diesem Land entstand. Japan beeindruckt auf diese Weise alle, die es unter angemessenen Bedingungen sehen, aber leider kommt der normale Reisende, der unter Zeitdruck steht und dessen Bekanntschaft sich auf professionelle Reiseführer beschränkt, nie weit über die Sehenswürdigkeiten, die Geschäfte und die Kuriositätenhändler hinaus.

Schneeszene in Kaga , von Kubota Beisen . Tafel IV.

Oft wird die Frage gestellt: „Gibt es ein gutes Buch über japanische Malerei?"
Ich kenne keine Sprache außer Japanisch. Zu den besten Werken zu diesem
Thema gehören:

Eine Geschichte der japanischen Malerei (HON CHO GASHI), von Kano
Eno.

Ein Schatzband (BAMPO ZEN SHO), von Ki Moto Ka Ho.

Die praktische Referenz des Malers (GOKO BEN RAN), von Arai Haku
Seki.

Eine Sammlung berühmter japanischer Gemälde (KO CHO MEIGA SHU E),
von Hiyama Gi Shin.

Ideen zum Design in der Malerei (TO GA KO) , von Saito Heko Maro .

Ein Diskurs über japanische Malerei (HONCHO GWA SAN), von Tani Buncho .

Wichtige Überlegungen zu allen Arten der Malerei (GWA JO YO RYAKU), von Arai Kayo.

Eine Abhandlung über berühmte japanische Gemälde (FU SO MEI GWA DEN) von Hori Nao Kaku.

Beobachtungen zu antiken Bildern (KO GWA BI KO) , von Asa Oka Kotei .

Eine Abhandlung über berühmte Maler (FU SO GWA JIN), von Ko Shitsu Ryo Chu.

Eine Abhandlung über japanische Malerei (YAMATO NISHIKI KEM BUN SHO), von Kuro Kama Shun Son.

Eine Abhandlung über die Gesetze der Malerei (GWAFU), von Ran Sai, einem Schüler von Chinanpin . Das Werk ist umfangreich und sowohl von großem Nutzen als auch von Autorität.

CHO CHU GWA FU, von Chiku To.

SHA ZAN GAKUGWA HEN, von Buncho .

Übersetzungen all dieser Werke ins Englische sind äußerst wünschenswert.

„Impressionen eines Außenseiters" zusammengefasst werden . Solchen Schriften fehlt die Autorität, die nur ständige Arbeit auf dem Gebiet der praktischen Kunst verleihen kann. Ein japanischer Künstler, mit dem ich einen Maler meine, ist lange am Schaffen. Es sind zehn bis fünfzehn Jahre kontinuierlichen Lernens und Anwendens erforderlich, bevor große Fähigkeiten erworben werden können. Während dieser Zeit eignet er sich nach und nach das Wissen über die vielen Prinzipien, Gebote, Maximen und Methoden an, die zusammen den Korpus oder die Gesamtheit der Kunstdoktrinen bilden, die aus einer fernen Antike überliefert und entweder in Büchern aufbewahrt oder durch Traditionen aufrechterhalten werden. Darüber hinaus gibt es unzählige Kunstgeheimnisse, *Hiji* oder *Himitsu genannt* , die nie veröffentlicht, sondern von den Meistern mündlich an ihre Schüler weitergegeben werden – keine Geheimnisse im Sinne eines Tricks, sondern Methoden der Ausführung, die nach mühsamer Anstrengung entdeckt und als wertvolle Besitztümer geschätzt werden. Es ist also offensichtlich, wie unfähig jemand sein muss, technisch über dieses Thema zu schreiben, der nicht einen solchen Lehrplan durchlaufen und sich all die vielfältigen Unterweisungen eingeprägt hat, die das Regelwerk für diese Kunst ausmachen.

Ich habe viele ernsthaft geschriebene Würdigungen japanischer Gemälde gelesen, die in verschiedenen modernen Sprachen veröffentlicht wurden, und sogar einige liebenswerte Fantasien, die von Japanern für Ausländer verfasst wurden, die glauben, sie wüssten instinktiv, was nur nach langem Studium und Übung mit dem Pinsel in der Hand erworben werden kann. Alle diese Autoren werden in Japan durch einen sehr höflichen Begriff charakterisiert: *Shiroto* – was Amateur bedeutet. Es hat auch eine sekundäre Bedeutung von Leere.

KAPITEL DREI.
GESETZE FÜR DIE VERWENDUNG VON PINSELN UND MATERIALIEN

Bei einem so technischen Thema wie der japanischen Malerei ist der Versuch, korrekte Informationen auf eine Weise zu vermitteln, die sowohl lehrreich als auch unterhaltsam ist, ein nicht geringes Unterfangen. Die Regeln und Kanons jeder Kunst werden, wenn sie aufgezählt, klassifiziert und erklärt werden, wahrscheinlich eine anstrengende, wenn nicht sogar ermüdende Lektüre sein. Wenn es jedoch unser Ziel ist, genaue Kenntnisse zu erlangen, müssen wir bereit sein, einige Opfer zu bringen, um dies zu erreichen, und es gibt keinen Königsweg zur Kenntnis der japanischen Malerei.

Außer in ein oder zwei Städten haben wir in Amerika kaum oder gar keine Gelegenheit, gute Exemplare der Werke der großen Maler Japans zu sehen. Darüber hinaus werden solche Arbeiten in *Kakemono -Form* als sehr nachteilig empfunden , wenn sie in großer Zahl an den Wänden eines Museums ausgestellt werden. Japanische *Kakemono* (hängende Gemälde) lassen sich am besten einzeln betrachten, wenn sie in der Aussparung des *Tokonoma* oder der Nische aufgehängt werden. Um ihre zarte und subtile Wirkung genießen zu können, ist eine gewisse Abgeschiedenheit unerlässlich ; Die Umgebung sollte an Freizeit und Ruhe erinnern, was das japanische Wort „ *Shidzuka* ", *das* oft in der Kunstsprache verwendet wird, gut beschreibt.

Die japanische Technik, unter der ich die etablierte Art und Weise verstehe, wie ihre Wirkung in der Malerei erzielt wird, unterscheidet sich stark von der europäischen Kunst. Die japanischen Pinsel *(Jude* und *Seehecht),* Farben und Materialien beeinflussen maßgeblich die Malweise. Die Kanons oder Standards, nach denen japanische Kunst zu beurteilen ist, sind für Japan etwas ganz Besonderes und werden außerhalb Japans kaum verstanden. Da es sich um ein technisches Thema handelt, birgt eine populäre Behandlung das Risiko, dass viel Wesentliches weggelassen wird. Ich werde mich auf jeden Fall bemühen, einen Überblick über die Grundprinzipien zu geben und zunächst ein oder zwei Worte zu den Werkzeugen und Materialien zu sagen.

In der japanischen Malerei werden keine Öle verwendet. Es werden ausschließlich *Sumi* (eine schwarze Farbe in Kuchenform) und Aquarellfarben verwendet, während Leinwand oder anderes Material durch chinesisches und japanisches Papier und speziell präparierte Seide ersetzt wird.

Japanische Künstler malen nicht auf Staffeleien; Bei der Arbeit sitzen sie auf den Fersen und Knien und legen das Papier oder die Seide vor sich auf ein weiches Material namens *Mosen* , das auf der Matte oder dem Bodenbelag liegt. Wenn man sich an diese Position gewöhnt hat, stellt man fest, dass sie unter anderem einen sehr freien Gebrauch des rechten Arms und Handgelenks ermöglicht.

Seide *(e ginu)* wird für die Bemalung vorbereitet, indem man sie zunächst mit gekochtem Reisschleim auf einen Spannrahmen befestigt. Eine Leimmasse aus Aluminium und leichtem Kleber (*Dosa* genannt *)* Als nächstes wird darauf aufgetragen, wobei darauf zu achten ist, dass die Kanten der am Rahmen befestigten Seide nicht nass werden, da sich die Seide sonst lösen würde.

Man hat herausgefunden, dass Papier viel länger hält als Seide und auch leichter wiederhergestellt werden kann, wenn es mit der Zeit Risse bekommt.

Die Künstler der Tosa- Schule verwendeten verschiedene Arten von Papier namens *Tori no Ko,* in dessen Komposition Eierschalen enthalten waren. Dieses Papier war ein besonderes Produkt von Ichi Zen.

Die Kano-Künstler verwendeten sowohl *Tori No Ko* als auch ein Papier aus der Maulbeerpflanze, ebenfalls ein Produkt des Ichi Zen und bekannt als *Hosho* . Für normales Durchzeichnen wird ein Papier namens TENGU JO verwendet. Zu Okyos Zeiten kam chinesisches Papier aus Reispflanzenblättern in Mode. Es wird in großen Bögen hergestellt und TOSHI genannt . Es hat eine helle Strohfarbe und reagiert sehr gut auf den Pinselstrich, außer wenn es „erkältet" wird, wie die Japaner sagen. Es sollte an einem trockenen Ort aufbewahrt werden.

Die Tosa- Künstler verwendeten Papier fast ausschließlich Seide. Die Kano- Schule verwendete für ihre Gemälde größtenteils Seide. Okyo malte normalerweise auch auf Seide.

Japanische Künstler skizzieren ihre Werke selten. Beim Malen auf Seide wird manchmal eine grobe Skizze in *Sumi zur Orientierung unter die Seide gelegt.* Die Konturen auf Papier werden mit geraden Weidenzweigen aus Holzkohle, *Yaki Sumi genannt, erstellt,* die durch Bürsten mit einer Feder leicht gelöscht werden können.

Es gibt strenge und, wenn man sie einmal verstanden hat, vernünftige und hilfreiche Gesetze für die Verwendung des Pinsels (YOHITSU), die Verwendung von *Sumi* (YOBOKU) und die Verwendung von Wasserfarben (SESSHOKU). Diese Gesetze reichen von scheinbar reiner Mechanik der Malerei bis hin zur Ethik der japanischen Kunst.

Das Gesetz von DIR HITSU erfordert einen freien und geschickten Umgang mit dem Pinsel, immer mit strenger Aufmerksamkeit auf den Strich, egal ob Punkt, Linie oder Masse gemacht werden soll; Der Pinsel darf die Seide oder das Papier nicht berühren, bevor nicht überlegt wurde, was der Strich oder

Punkt ausdrücken soll. Weder Fahrlässigkeit noch Gleichgültigkeit werden toleriert.

geschickt er auch sein mag , wird mit der Verwendung des Pinsels garantiert nicht ganz zufrieden sein, da er nie perfekt ist und immer verbesserungswürdig ist. Der Pinsel ist die Dienerin der Seele des Künstlers und muss auf seine Inspiration reagieren. Der Schüler wird ermahnt, sich beim Umgang mit dem Pinsel ebenso vor Unachtsamkeit zu hüten, als wäre er ein Schwertkämpfer, der bereit ist, seinen Feind anzugreifen oder sein eigenes Leben zu verteidigen; und das ist der Grund: Alles in der Kunst ist darauf ausgerichtet, den Erfolg zu verhindern. Die Weichheit des Pinsels erfordert einen leichten und schnellen Strich und eine zarte Berührung. Wenn der Pinsel zum ersten Mal ins Wasser getaucht wird, kann er zu viel oder zu wenig absorbieren, und die mit dem Pinsel aufgenommene *Sumi*- oder Tinte verschmiert oder lässt sich nicht auf dem Material verteilen oder fließen, oder sie verteilt sich in die falsche Richtung. Das chinesische Papier (TOSHI) , das in gewöhnlichen Kunstwerken verwendet wird, kann durch die Atmosphäre so beeinflusst werden, dass es nicht reagiert, und der Pinselstrich muss entsprechend reguliert werden. All diese Dinge müssen bei der Verwendung des Pinsels berücksichtigt werden, und wenn der Geist des Künstlers nicht wachsam ist, ist das Ergebnis ein Misserfolg . (ES ZEHN ICHI BOKU *weder* CHIU *Oh, weißt du beki .)*

Als Vehikel des subtilen Gefühls, das in Form ausgedrückt werden soll, muss der Pinsel so gestaltet sein, dass er die Schwingungen des inneren Selbst des Künstlers empfängt und weiterleitet. Bei der Herstellung der Bürste wurde viel Sorgfalt, viel Überlegung und Geschick aufgewendet.

In China ging die Kunst des Schreibens der Malerei voraus, und die ersten Pinsel, die hergestellt wurden, waren Schreibpinsel, und je mehr sich das Schreiben zu einer wunderbaren Kunst entwickelte, desto mehr Aufmerksamkeit wurde den Materialien geschenkt, aus denen der Schreibpinsel besteht. Diese Pinsel bestanden ursprünglich aus Kaninchenhaar, das mit Hirsch- und Schafhaar umwickelt war, und die Griffe bestanden aus Maulbeerstielen. Später, als die chinesischen Schriftzeichen immer komplexer und wissenschaftlicher geschrieben wurden, wurden die Pinsel sorgfältig aus Fuchs- und Kaninchenhaar gefertigt, die Griffe waren aus Elfenbein und sie wurden in goldenen und juwelenbesetzten Schatullen aufbewahrt. Beamte wurden angewiesen, alle öffentlichen Dokumente mit Pinseln mit roten Lackgriffen zu schreiben, wobei Rot eine positive oder männliche (YO) Farbe war. Ogishi , der größte chinesische Schriftsteller, verwendete für seine Pinsel die Fühler aus der Nase der Ratte und Haare aus dem Schnabel des Eisvogels.

In Japan fließen die Haare von Hirschen, Dachsen, Kaninchen, Schafen, Eichhörnchen und Wildpferden in die Herstellung von Künstlerpinseln ein, die auf Bestellung gefertigt werden, lang oder kurz, weich oder stark, steif oder biegsam. Zum Auftragen von Farbe werden die Haare des Dachses bevorzugt. Die Größe und Form der verwendeten Pinsel variiert je nach zu malendem Motiv. Es gibt Pinsel für Blumen und Vögel, Menschen, Landschaften, Linien der Kleidung, Linien des Gesichts, zum Auftragen von Farbe, zum Schattieren usw.

Ein charakteristisches Merkmal der japanischen Malerei ist die Stärke des Pinselstrichs, der in der Fachsprache *fude no chikara* oder *fude no ikioi genannt wird*. Wenn man ein Objekt darstellt, das Stärke suggeriert, wie zum Beispiel eine felsige Klippe, den Schnabel oder die Fersen eines Vogels, die Klauen eines Tigers oder die Äste und Äste eines Baumes, muss in dem Moment, in dem der Pinsel aufgetragen wird, ein Gefühl von Stärke vorhanden sein wird im gesamten System des Künstlers aufgerufen und gefühlt und durch seinen Arm und seine Hand an den Pinsel übermittelt und so auf das gemalte Objekt übertragen; und dieser Nervenstrom muss während der Arbeit kontinuierlich und von gleicher Intensität sein. Wenn man die Äste oder Zweige des Baumes in einem Gemälde eines Kano-Künstlers untersucht, wird es jeden in Erstaunen versetzen, die Lebenskraft wahrzunehmen, die ihnen eingeflößt wurde. Sogar die kleinsten Zweige scheinen von der Kraft des Wachstums erfüllt zu sein – alles das Ergebnis von *fude no chikara* . Wenn man dieses Prinzip versteht und vor diesem Hintergrund die Bäume vieler italienischer und französischer Künstler kritisch betrachtet, erscheinen sie tatsächlich schlaff, leblos und als wären sie mit einer Feder gemacht worden. *Ihnen* fehlt die Kraft, die nur durch *Fude no Chikara* oder Pinselstärke erreicht wird.

Beim Schreiben chinesischer Schriftzeichen im REI- SHO -Stil wird dasselbe Prinzip sorgfältig eingeprägt. Die Zeichen müssen mit dem Gefühl ausgeführt werden, als wären sie in Stein gemeißelt oder in Stahl eingraviert – so muss die Kraft sein, die über Arm und Hand auf den Pinsel übertragen wird. So ausgeführt scheinen die Schriften von lebendiger Kraft erfüllt zu sein.

Es wird von Chinanpin , dem großen chinesischen Maler, erzählt, dass ein Kunststudent, der sich bei ihm um Unterricht beworben hatte, eine Orchideenpflanze malte und dem Studenten sagte, er solle sie kopieren. Der Schüler tat dies zu seiner eigenen Zufriedenheit, aber der Meister sagte ihm, er sei weit vom Wesentlichen entfernt. Über mehrere Monate hinweg wurde die Orchidee immer wieder reproduziert, jedes Mal eine Verbesserung gegenüber dem vorherigen Versuch, aber nie die Zustimmung des Meisters. Endlich Chinanpin erklärte es wie folgt: Die langen, klingenartigen Blätter der Orchidee hängen vielleicht zur Erde herab, aber sie alle sehnen sich danach, in den Himmel zu zeigen, und diese Tendenz wird IN der Kunst

Wolkensehnsucht (bo UN) GENANNT . Wenn also der Pinsel die Spitze des langen, schlanken Blattes erreicht, muss der Künstler spüren, dass dieser sich danach sehnt, auf die Wolken zu zeigen. So bemalt bleiben der wahre Geist und die Lebenskraft *(kokoromochi)* der Pflanze erhalten.

Kubota empfahl Kunststudenten und Künstlern eine Praxis mit Linien, die sich hervorragend zum Erwerb und Erhalt von Festigkeit und Freiheit des Arms eignet, mit gleichmäßiger und kontinuierlicher Kraft im Strich. Mit einem Pinsel, der streng senkrecht zum Papier gehalten wird, werden zunächst von rechts nach links horizontale Linien über die gesamte Breite des TOSHI oder eines anderen Papiers gemalt, wobei jede Linie über ihre gesamte Länge die gleiche Dicke und unerschütterliche Intensität aufweist. Die Dicke der Linie hängt von der Menge der Haare im Pinsel ab, die das Papier berühren dürfen. Wenn nur die Spitze des Pinsels verwendet wird, wird die Linie schmal oder dünn sein; Aber egal, ob es sich um ein breites Band oder eine zarte Spur handelt, es muss durchgehend einheitlich und von lebendiger Kraft erfüllt sein. Als nächstes werden die Linien von links nach rechts auf die gleiche Weise und mit der gleichen Sorgfalt auf gleichmäßige Dicke und kontinuierlichen Fluss der Nervenkraft vom Anfang bis zum Ende gemalt. Dann besteht die zunehmend schwierigere Aufgabe darin, sie von oben nach unten auf das TOSHI zu malen , und schließlich, die schwierigste und wichtigste aller dieser Übungen, werden die parallelen Linien von unten nach oben auf das Papier gezeichnet. Je dünner die Linie, desto schwieriger ist die Ausführung, da die Hand zum Zittern neigt. Tatsächlich ist die Schwierigkeit überragend. Lassen Sie es jeden , der Interesse hat, ausprobieren; Es ist eine Übung für die erfahrensten Experten. Solche Linien ähneln den *Sons Filés* auf der Violine, wo ein kontinuierlicher, anhaltender Ton von gleicher Intensität erzeugt wird, indem der Bogen vom Ansatz bis zur Spitze so langsam über die Saiten gezogen wird, dass er sich kaum bewegt. Das Üben von Linien auf die angegebene Art und Weise verleiht Stabilität und Stärke, Eigenschaften, die in der japanischen Kunst in jedem Moment gefragt sind. Beobachten Sie einen japanischen Künstler, der den jungen Zweig eines Pflaumenbaums malt, der aus dem Stamm schießt. Das Wachstum des neuen Jahres beginnt möglicherweise von der Unterseite des TOSHI und wird nach oben projiziert. Untersuchen Sie es sorgfältig und Sie werden feststellen, dass es dem Prinzip von *Jude no Chikara* entspricht, das eine lebendige Kraft in den Zweig überträgt. Ich habe gesehen, wie europäische Künstler in Japan vergeblich versuchten, solche Effekte zu erzielen; aber diese hängen von langer und geduldiger Übung ab.

Ein japanischer Künstler ignoriert häufig die Grenzen des Papiers, auf dem er malt, indem er seinen Strich auf dem MOSEN BEGINNT und ihn auf dem Papier fortsetzt – oder ihn auf dem Papier beginnt und auf den MOSEN

PROJIZIERT . Dies erzeugt das Gefühl oder den Eindruck großer Schlagkraft. Es belebt die Arbeit. Und wenn bei dieser energetischen Art der Malerei versehentlich *Sumi- Tropfen vom Pinsel auf das Gemälde fallen, wird davon ausgegangen, dass sie dem Gemälde zusätzliche Energie verleihen.* Wenn der Strich auf dem Stamm oder Ast eines Baumes viele dünne Haarlinien aufweist, obwohl die Linie eigentlich durchgehend sein sollte, gilt dies ebenfalls als zusätzlicher Beweis für die Schlagenergie und wird immer sehr geschätzt.

Das gleiche Prinzip gilt in der Kunst des chinesischen Schreibens; aber dieser Effekt darf nicht das Ergebnis einer Berechnung sein – es muss das sein, was in der Kunst SHI GENANNT WIRD ZEN , was spontan bedeutet.

Beim Malen der Haare von Affen, Bären und dergleichen wird der spitze Pinsel abgeflacht und ausgebreitet *(wari fude)* , so dass jeder Strich desselben zahllose dünne Linien reproduziert, die den Haaren des Tieres entsprechen. Sosen malte so. In der Neuzeit Kimpo (Tafel V) ist zu Recht für diese Arbeit bekannt.

Viele Künstler sind wunderbare Experten im Umgang mit dem flachen Pinsel mit einer Breite von 2,5 bis 10 cm, dem sogenannten *Seehecht,* mit dem sofortige Effekte wie Regen, Felsen, Bergketten und Schneeszenen erzielt werden. Einige Künstler erwerben einen besonderen Ruf für ihr Können im Umgang mit dem *Seehecht.*

Die Bürste sollte während der Zeit, in der sie verwendet wird, häufig und gründlich gewaschen und bei Nichtgebrauch gewaschen und getrocknet werden. In Kyoto, Osaka und Tokio gibt es berühmte Hersteller von Künstlerpinseln, und Namen von Herstellern wie Nishimura, Sugiyama, Hakkado , Onkyodo und Kiukyodo sind allen Künstlern des Landes bekannt.

Die Verwendung von *Sumi* (YOBOKU) ist das eigentliche Unterscheidungsmerkmal der japanischen Malerei. Diese schwarze Farbe *(Sumi) wird nicht nur* in allen Aquarellarbeiten verwendet, sondern ist häufig auch die einzige verwendete Farbe; und ein so ausgeführtes Gemälde wird nach den Gesetzen der japanischen Kunst *Sumi e genannt* und gilt als höchste Prüfung der Fähigkeiten des Künstlers. Farben können das Auge täuschen *(damakasu),* aber *Sumi* kann es nie; es proklamiert den Meister und entlarvt den Tyro.

Die Begriffe „schwarz auf weiß studieren" „Tuschezeichnung" und dergleichen sind irreführend, da es sich bei allen nur um notdürftige Übersetzungen handelt. Der chinesische Begriff „ BOKUGWA " ist das genaue Äquivalent von *sumi e* und beide bedeuten und beschreiben die gleiche Produktion. *Sumi e* ist kein „Tintenbild", da bei seiner Herstellung keine Tinte verwendet wird. Tinte ist sowohl in ihrer Zusammensetzung als auch in ihrer

Wirkung das genaue Gegenteil von *Sumi* . Tinte ist eine Säure und eine Flüssigkeit. *Sumi* ist ein Feststoff, der aus dem Ruß hergestellt wird, der durch das Verbrennen bestimmter Pflanzen gewonnen wird (für die besten Ergebnisse *Juncus communis,* Binse oder *Sessamen orientalis),* kombiniert mit Klebstoff aus Hirschhorn. Daraus wird ein schwarzer Kuchen geformt, der, wenn er in der Asche aufbewahrt wird, gründlich trocknet und mit zunehmendem Alter besser wird. In vielen guten *Sumi wird* Purpurrot *(Beni)* für den Glanz und Moschusparfüm *(Jako) hinzugefügt.* wird zu antiseptischen Zwecken eingeführt. Wenn ein totes Finish oder eine tote Oberfläche *(tsuya o keshi)* gewünscht wird, wie zum Beispiel dort, wo die weibliche Frisur bemalt werden soll und ein glanzloser Grund für den Kontrast zu den glänzenden Haarsträhnen benötigt wird, ein wenig weiße, pulverisierte Austernschale, GO FUN genannt , wird mit dem Sumi gemischt . Kommerzielle Tusche ähnelt im Aussehen *Sumi ,* ist ihr aber in der Qualität deutlich unterlegen. Die Methoden zur *Sumi-* Herstellung sind sorgfältig gehütete Geheimnisse. China produzierte während der Ming-Dynastie vor drei Jahrhunderten die besten *Sumi,* obwohl China- *Sumi* (TOBOKU) verwendete zwölf Jahrhunderte vergangene Darstellungen sowohl schriftlich als auch in der Malerei heute so deutlich und brillant, als wäre es erst kürzlich hergestellt worden. Nara, in der Nähe von Kyoto, war der Geburtsort des japanischen *Sumi* und das Zuhause von Kumagai *(Kyukyodo)* hat seit Jahrhunderten seine Hersteller in dieser Stadt. In Tokio ist Baisen ein angesehener Hersteller, dessen *Sumi* viele der dortigen Künstler bevorzugen . Er hat fünfzig Jahre seines Lebens dem Studium und der Ausarbeitung dieses wertvollen Artikels gewidmet. Er besitzt einige große Herstellungsgeheimnisse, die möglicherweise mit ihm sterben. Zu Okyos Zeiten gab es ein dunkelblaues *Sumi* namens AI EN BOKU , aber die Kunst und Geheimnisse seiner Herstellung sind verloren.

Bei der Verwendung *von Sumi* wird der Kuchen angefeuchtet und auf einer Platte namens *Suzuri gerieben ,* wodurch eine halbflüssige Masse entsteht. Der gut gereinigte Pinsel wird zunächst in klares Wasser und dann in das vorbereitete *Sumi getaucht.* Wenn das *Sumi* mit der Bürste aufgenommen wird, sollte es unverzüglich verwendet werden; Andernfalls vermischt es sich mit dem Wasser des Pinsels und zerstört das gewünschte Gleichgewicht zwischen Wasser und *Sumi.* Für eine sorgfältige Arbeit wird das *Sumi zunächst auf dem Pinsel von der Suzuki auf eine weiße Untertasse* übertragen und dort getestet. Es ist eine einzigartige Tatsache, dass die Farbe von *Sumi* je nach der Art und Weise, wie es auf den Stein gerieben wird, unterschiedlich ist. Die besten Ergebnisse werden erzielt, wenn ein junges Mädchen zu diesem Zweck eingesetzt wird, dessen Kraft gerade ausreichend ist.

Sumi ist es sehr wichtig, die Festigkeit regelmäßig durch erneutes Auftragen des Kuchens auf die Platte zu erneuern. Die Farbe und der Reichtum des auf der Platte verbliebenen *Sumi verblassen bald;* Und obwohl dies bei der Verwendung vielleicht nicht sichtbar ist, wird seine Schwäche schnell erkannt, wenn das *Sumi auf dem Papier oder der Seide trocknet.*

Durch den geschickten Einsatz von *Sumi-* Farben lassen sich erfolgreich Sumisfarben suggerieren, Materialien scheinbar reproduzieren und durch das sogenannte BOKUSHOKU , das Pinselstrichspiel von Licht und Schatten, können die Sonnenstrahlen selbst in den vier Ecken eines Bildes gefangen gehalten werden. Künstler sind in ihrer Arbeit leicht an der Art und Weise zu erkennen, wie sie Sumi verwenden oder auftragen . Die Farbe, der Glanz, die Schattierungen und der Fluss der Tinte ermöglichen es uns sogar, die Gemütsverfassung oder den Gemütszustand des Künstlers zum Zeitpunkt des Malens zu bestimmen, so sensibel und empfänglich ist Sumi für die Stimmung des Künstlers, der sie *verwendet* . Im Zusammenhang mit diesem Thema besteht großes Interesse. Es ist am schwierigsten, Künstler mit den verschiedenen Arten von *Sumi zufriedenzustellen,* die sich in ihren besonderen Qualitäten ebenso unterscheiden wie in den Klängen berühmter Geigen. Es ist interessant zu beobachten, wie unterschiedlich die Farbe oder der Reichtum desselben *Sumi* wird, je nachdem, mit welcher Geschicklichkeit es aufgetragen wird.

Der mineralische Charakter der *Suzuki* hat auch viel mit der Erzeugung der besten und satten Schwarztöne zu tun.

Der wertvollste Stein für *Suzuki* ist in der gesamten orientalischen Welt als TAN KEI BEKANNT und wird im Berg Fuka in China gefunden. Dieser Stein hat goldene Streifen mit kleinen Punkten, die Vogelaugen genannt werden. Das Wasser, das vom Fuka -Berg fließt, ist blau. Die Farbe des Felsens ist lila. Eine Lieblingsfarbe für die *Suzuki* (auf Chinesisch KEN GENANNT) ist Löwenleber. Früher wurden beim Abbau dieses Steins viele Zeremonien abgehalten und Schafe und Rinder geopfert; andernfalls glaubte man, dass der Stein von einem Blitz getroffen und in den Händen seines Besitzers zu Asche zerfallen würde. Die *Suzuki* wird ebenfalls in China aus Flusssedimenten hergestellt und gebacken. Eine weitere Methode besteht darin, die *Suzuki* aus Papier und dem Lack des Lackbaums herzustellen . Solche werden Papier- *Suzuri genannt* (SHI KEN). In Tibet werden *Suzuri* aus der Bambuswurzel hergestellt. In Japan findet man die besten Steine für *Suzuki in der Nähe von Hiroshima in* Kiushu , deren Körnung hart und fein ist.

Der geschickte Einsatz von Wasserfarben wird SESSHOKU GENANNT . Es ist schwieriger, nur mit *Sumi zu malen* , als Wasser zum Malen mit Hilfe von Farben zu verwenden, was Mängel verbergen kann, die in einem *Sumi nie verborgen bleiben, wo* ein zweites Überstreichen von *Sumi katastrophal ist.* Japanische Maler gehen in der Regel sparsam mit Farben um, die geringste Menge, diskret und zurückhaltend eingesetzt, reicht im Allgemeinen aus.

Viele Künstler haben keinen Sinn für Farben oder mögen Farben nicht und verwenden sie nur selten. Kubota erklärte oft, er hoffe, so lange zu leben, bis er sich berechtigt fühle, auf die Farbe zu verzichten und für alle Effekte in der Malerei ausschließlich *Sumi* zu verwenden .

Es gibt acht verschiedene Arten, mit Farbe zu malen. Ich werde sie mit ihren technischen, beschreibenden Begriffen aufzählen:

In der besten Form der Farbmalerei (GOKU ZAI SHIKI) (Tafel IX) Die Farbe wird sorgfältig aufgetragen und dreimal oder bei Bedarf auch öfter aufgetragen. Aufgrund dieser wiederholten Schichten wird diese Form TAI CHAKU GENANNT SHOKU . Dieser Malstil ist Tempeln, Goldschirmen, Palastdecken und Ähnlichem vorbehalten. Die Maler von Tosa und *Yamato e* folgten im Allgemeinen dieser Vorgehensweise. ·

Die nächstbeste Färbemethode (CHU ZAI SHIKI) (Platte X) wird als CHAKU BEZEICHNET SHOKU ODER das gewöhnliche Auftragen von Farbe. Die Kano- und Shijo- Schulen nutzen diese Methode ausgiebig, ebenso wie die *Ukiyo- e-* Maler.

Die helle Aquarellmethode, genannt TAN SAI (Tafel XI) wird im gewöhnlichen Stil der *Kakemono- Malerei verwendet* und wird häufig von der Okyo- Schule verwendet.

Die interessanteste Form der Malerei, technisch gesehen BOKKOTSU (Tafel XII) ist das, bei dem alle Umrisse unterdrückt werden und *Sumi* oder Farbe für die Massen verwendet wird. Ein anderer japanischer Begriff dafür ist *Tsuketate* .

Baumeichhörnchen, von Mochizuki Kimpo . Platte V.

Die Schattierungsmethode heißt GOSO (Tafel _ _ _ _ _ _ Dieser Stil wurde häufig von Kano-Malern und für den Kunstdruck verwendet.

Die hellrotbraune Farbe, technisch SENPO GENANNT SHOKU (Tafel XIV) wird hauptsächlich beim Drucken von Bildern in Buchform verwendet.

Eine andere ähnlich verwendete Form heißt HAKUBYO (Platte XV) oder weißes Muster, es wird keine Farbe verwendet.

Schließlich gibt es noch das *Sumi-* Bild oder *Sumi-e* (Tafel XVI) , technisch gesehen SUIBOKU , auf das bereits Bezug genommen wurde, wobei nur *Sumi* verwendet wird und Schwarz von japanischen Künstlern als Farbe angesehen wird.

Eine bekannte Methode, die herbstlichen Farbtöne von Waldblättern zu erzeugen, besteht darin, mit dem Pinsel nacheinander und in der folgenden Reihenfolge diese Farben aufzunehmen: Gelbgrün (ki iro), braun (tai *sha*) , rot (shu) .), Purpur *(Beni)* und zuletzt, ganz an der Spitze des Pinsels, *Sumi*. Der so aufgeladene und geschickt aufgetragene Pinsel ergibt einen bezaubernden Herbsteffekt, wobei die Farben wie in der Natur ineinander übergehen.

In der japanischen Kunst gibt es fünf Grundfarben: Grundfarben Blau (SEI), Gelb (AU), Schwarz (koku), Weiß (BYAKU), Kombinationen und Rot (SEKI). Diese in Kombination (CHO GO) ergeben andere Farben wie folgt: Blau und Gelb ergeben Grün (*midori*); blau und schwarz, dunkelblau (*Ainezumi*); blau und weiß, himmelblau *(sora iro)*; Blau und Rot, Lila (*Murasaki*) ; gelb und schwarz, dunkelgrün (*unguisu cha)* ; Gelb und Rot, Orange (*Kaba*); schwarz und rot, braun (*tobiiro*); Schwarz und Kombinationen Weiß, Grau (*Nezumiiro*). Diese Sekundärfarben ergeben in Kombination andere gewünschte Töne und Schattierungen. Es werden auch pulverisiertes Gold und Silber sowie Purpur aus der Safranpflanze verwendet. Die Farben, mit Ausnahme von Gelb, werden durch Mischen mit leichtem Leim auf einer Untertasse für den Gebrauch vorbereitet. Bei Gelb wird nur Wasser verwendet. Zusätzlich zu all dem Vorstehenden gibt es noch andere teure Farben, die in sorgfältiger Arbeit verwendet werden und als Mineralerden (*Iwamono) bekannt sind.* Sie sind blau (GUNJO), Dunkel- oder Preußischblau (KONJO), helles Blaugrün (GUNROKU), Grün (ROKUSHO), Hellgrün (BYAKUGUN), Erbsengrün (CHAROKU) . SHO) und hellrot (SANGO MATSU).

Die Verwendung von Primärfarben in einem Gemälde in der Nähe von Sekundärfarben, die von ihnen stammen, ist zu vermeiden, da beide durch einen solchen Kontrast verloren gehen. und wenn ein Farbschema nicht zufriedenstellend ist, wird man normalerweise feststellen, dass dieses Kardinalprinzip der Harmonie, *Iro no Kubari genannt* , vom Künstler missachtet wurde. Farbe in der Kunst ist das Kleid, das Gewand, in das das Werk gekleidet ist. Es muss angemessen kombiniert und zurückhaltend sein und darf keine übermäßige Aufmerksamkeit erregen (*medatsunai*). Echter Farbsinn ist eine besondere Gabe.

KAPITEL OFEN.
GESETZE, DIE DIE KONZEPTION UND AUSFÜHRUNG EINES BILDES REGELN

Bild zu malen, überlegt er zunächst, welchen Raum das Bild einnehmen soll und welche Form es haben soll, ob quadratisch, länglich, rund oder anders; Als nächstes folgt die Verteilung von Licht und Schatten und dann die Platzierung der Objekte in der Komposition, um Harmonie und wirksame Kontraste zu gewährleisten. Bei der Lösung dieser Fragen verlässt er sich weitgehend auf die Gesetze der Proportionen und des Designs.

Die Prinzipien der Proportionen (ICHI) und der Gestaltung (ISHO) sind eng miteinander verbunden. Sie zielen darauf ab, mit Nüchternheit das Wesentliche für die Komposition zu liefern und auszudrücken, die Proportionen bestimmen die richtige Anordnung und Verteilung der Bestandteile und entwerfen die Art und Weise, wie diese gehandhabt werden sollen. In einer Landschaft kann die Proportion die ausgleichende Wirkung von Gebäuden und Bäumen erfordern, während das Design darüber entscheidet, wie diese malerisch dargestellt werden können. Beispielsweise indem die Bäume die Gebäude teilweise verdecken und so den Wunsch wecken, mehr zu sehen als gezeigt wird. Eine solche Anregung oder Anregung der Fantasie wird YUKASHI GENANNT . Dem japanischen Maler wurde schon früh der Wert der Unterdrückung im Design beigebracht – *die Kunst des Langweilens sagt alles* .

Eine bekannte Proportionsregel, die im ursprünglichen Chinesisch urig ausgedrückt ist und in der Praxis mehr oder weniger befolgt wird, verlangt in einem Landschaftsgemälde, dass, wenn der Berg beispielsweise zehn Fuß hoch ist, die Bäume einen Fuß hoch sein sollten, a ein Pferd von einem Zoll und ein Mann von der Größe einer Bohne. JOE SAN SEKI JU , SUN BA TO JIN (Tafel XVII) .

ISHO genannt ZUAN oder *Takumi ist* größtenteils die persönliche Gleichung des Künstlers. Es ist seine Fähigkeit, das, was er behandelt, auf originelle Weise darzustellen und auszudrücken. Das Thema mag nicht neu sein, aber seine Behandlung muss frisch und attraktiv sein. Viel wird von der Gelehrsamkeit und den technischen Fähigkeiten des Künstlers abhängen. In puncto Design unterschieden sich die Künstler Tokios seit jeher von denen Kyotos, wobei erstere auf lebendige und sogar verblüffende Effekte abzielten, während letztere ein ruhigeres oder gedämpfteres (*otonashi*) *Ergebnis* anstrebten .

Wenn Landschaften oder Bäume auf eine einzelne Tafel gemalt werden sollen, können die Tafeln auf beiden Seiten bequem angebracht werden und das Gemälde auf der mittleren Tafel in Verbindung mit den beiden zusätzlichen Tafeln entworfen werden, die für die Ausarbeitung verwendet werden. Wenn die Seitenwände zurückgezogen werden, entsteht auf diese Weise der Eindruck, als ob die Landschaft oder die Bäume durch ein offenes Fenster gesehen würden, und jegliche beengte oder erzwungene Erscheinung wird vermieden. Die *Ukiyo- e-* Künstler praktizierten eine ähnliche Methode bei ihren *Hashirake* oder langen, schmalen, tafelartigen Drucken von Männern und Frauen, die zur Dekoration aufrechter Balken in einem Raum verwendet wurden.

Die Kunstliteratur ist reich an anschaulichen Beispielen für richtige Proportionen und Gestaltung.

Der Künstler Buncho wurde gebeten, eine Krähe zu malen, die über eine *Fusuma* oder vier schiebetürähnliche Paneele fliegt. Nach langem Nachdenken malte er den Vogel im Akt des Verschwindens aus der letzten dieser Unterteilungen, wobei der Raum der anderen drei den schnellen Flug suggerierte Die Krähe hatte es bereits geschafft, und das auf diese Weise beachtete Gesetz der Proportionen (ICHI) ODER DER GEORDNETEN ANORDNUNG ERHIELT ALLGEMEINEN BEIFALL.

Auf dem bewaldeten Friedhof des Tempels von Ikegami , wo sich die Gräber so vieler Kano-Künstler (einschließlich Tanyu) befinden, befindet sich ein Stein, der das Grab eines Kano-Malers markiert, der einen Auftrag für ein Bild und sein eigenes ausgeführt hatte Als der Chef feststellte, dass es an Design mangelte und er dem Farbschema einen gewissen Goldeffekt hinzufügen musste, anstatt seine eigenen Überzeugungen von dem zu verletzen, was er für richtiges Design hielt, weigerte er sich zunächst, dem nachzukommen, und beging dann *Hara Kiri* .

das Gefühl vorhanden ist von Aktiv und Passiv, Licht und Schatten. Dies wird IN YO GENANNT und basiert auf dem Prinzip des Kontrasts zur Verstärkung von Effekten. Der Begriff IN YO hat seinen Ursprung in den frühesten Lehren der chinesischen Philosophie und existiert seit jeher in der Kunstsprache des Orients. Es bedeutet Dunkelheit (IN) und Licht (YO), negativ und positiv, weiblich und männlich, passiv und aktiv, unten und oben, gerade und ungerade. Dieser Begriff findet in der Malerei immer wieder Anwendung. Ein Bild mit richtig verteilten Lichtern und Schatten entspricht dem Gesetz von IN YO . Zwei fliegende Krähen, eine mit geschlossenem Schnabel, die andere mit offenem Schnabel; zwei Tiger in ihrem Versteck, einer mit geschlossenem Maul, der andere mit sichtbaren Zähnen; oder zwei Drachen, von denen einer zum Himmel aufsteigt und der andere zum Meer hinabsteigt, veranschaulichen Phasen in DEINEM LEBEN . Berge, Wellen, die Blütenblätter einer Blume, der Augapfel eines Vogels, Felsen, Bäume – alle haben ihre negativen und positiven Aspekte, ihre IN und ihre YO . Die Einhaltung dieses Kanons gewährleistet nicht nur den wirksamen Kontrast von Licht und Schatten in einem Bild, sondern auch einen ebenso auffälligen Kontrast zwischen den Bestandteilen jedes Objekts, aus dem es besteht.

Das Gesetz der Form, in der Kunst KEISHO oder KAKKO GENANNT , wird häufig angewendet, um nicht nur die richtige Form von Dingen zu bestimmen, sondern auch ihre geeignete oder richtige Präsentation entsprechend den Umständen. Es hat mit allen möglichen Einstellungen und Kleidung zu tun. Sie bestimmt, was für den Fürsten und für den Bettler, für den Makler und für den Bauern geeignet ist. Es regelt die Form, die Objekte entsprechend den sie umgebenden Bedingungen annehmen sollen, unabhängig davon, ob sie in der Nähe oder in der Ferne, im Nebel, im Regen oder im Schnee, in Bewegung oder im Ruhezustand gesehen werden. Die genaue Form von Objekten in Bewegung (z. B. eines laufenden Tieres, eines fliegenden Vogels oder eines schwimmenden Fisches) kann niemand sehen, aber der Maler, der die Form oder Form dieser Objekte in Ruhe beobachtet, studiert und auswendig kennt, kann es durch Aufgrund seiner Fähigkeiten kann er sie in Bewegung, perspektivisch verkürzt oder auf andere Weise reproduzieren; das ist KEISHO ; und er ist belehrt und versteht gut, dass, wenn ihm bei der Ausführung einer solchen Arbeit die Erinnerung an wesentliche Details fehlt, Zögern dazu führen kann, dass das Bild als Kunstwerk zugrunde geht.

KEISHO bedeutet wörtlich Form, in der orientalischen Kunst bedeutet es aber auch die Eigenschaften; Es ist ein Gesetz, das unter anderem die Grundsätze des guten Geschmacks durchsetzt und alle Übertreibungen, unkünstlerischen Eigenheiten und *Grimassen unterdrückt.*

KO -JUTSU genannt . Für diese Abteilung japanischer Kunst gelten besondere Grundsätze. Der Historienmaler muss alle historischen Details der Zeit kennen, auf die sich sein Gemälde bezieht, einschließlich der Waffen, Ausstattung, Kostüme, Ornamente, Bräuche und dergleichen. Dieses Thema deckt ein zu großes Feld ab und ist zu wichtig, als dass es hier zusammenfassend behandelt werden könnte. Es genügt zu sagen, dass es in Japan viele berühmte Historienmaler gab. Andererseits erinnere ich mich an ein einmal ausgestelltes Bild eines angesehenen Tokioter Künstlers, das hervorragend ausgeführt war, aber von der Jury völlig ignoriert wurde, weil es gegen einen für die historische Malerei geltenden Kanon verstieß.

Der Begriff YU SHOKU bezieht sich auf die Gesetze, die die Praktiken des kaiserlichen Haushalts sowie buddhistische und shintoistische Riten regeln. Bevor der Maler versucht, ein Kunstwerk zu schaffen, in dem diese eine Rolle spielen könnten, muss er sich gründlich mit der Ausstattung des

Palastinterieurs, den Regeln der Etikette, den Beschäftigungen und Freizeitbeschäftigungen des Kaisers und der Hofadligen (Kuge) *auskennen*. *Daimyo* und ihre militärischen Begleiter *(Samurai)*, die Kostüme der Frauen (*Tsubone*) des kaiserlichen Haushalts und ihre Pflichten und Leistungen. Die Tosa- Schule hat sich darauf spezialisiert, sich gründlich mit solchen Details vertraut zu machen. Alle buddhistischen Gemälde unterliegen dem YU-GESETZ SHOKU .

Betrachten wir als nächstes kurz einige der Prinzipien, die auf die japanische Landschaftsmalerei anwendbar sind. Landschaften sind in der Kunst unter dem Begriff SAN SUI BEKANNT, was Berg und Wasser bedeutet. Dieser chinesische Begriff deutet darauf hin, dass die Künstler Chinas sowohl Berge als auch Wasser als wesentliche Elemente für Landschaftsmotive ansahen, und die Tendenz eines japanischen Künstlers, beides in seine Malerei einzubauen, ist immer spürbar. Wenn er das Wasser anderswo nicht finden kann , holt er es in Form von Regen vom Himmel. Regen- und Windmotive erfreuen sich in der Tat großer Beliebtheit, und in ihren Bildern entstehen wunderbare Effekte, die auf den bevorstehenden Sturm hinweisen , bei dem der Wind den Bambus und die Bäume neue, seltsame und fantastische Formen annehmen lässt.

Die Landschaft (Tafel XVIII) enthält einen hohen Berg, Felsen, einen Fluss, eine Straße, Bäume, eine Brücke, einen Menschen, ein Tier usw. Die erste Voraussetzung für eine solche Komposition ist, dass das Bild dem Gesetz von entspricht TEN CHI JIN ODER Himmel, Erde und Mensch. Dieses wunderbare Gesetz des Buddhismus soll das Universum durchdringen und in der gesamten Kunst des Menschen weitreichende Anwendung finden. TEN CHI JIN bedeutet, dass alles, was der Betrachtung wert ist, ein Hauptthema, seinen ergänzenden Zusatz und zusätzliche Details enthalten muss. Damit wird das Werk zu seiner Vollendung abgerundet.

Tiger, von Kishi Chikudo . Tafel VI.

Dieses ZEHN-CHI-JIN-GESETZ gilt nicht nur für die Malerei, sondern auch für die Poesie (ihre ältere Schwester), für die Architektur, für Gartenpläne sowie für das Arrangement von Blumen. Tatsächlich handelt es sich um ein universelles, grundlegendes Gesetz der korrekten Konstruktion. Auf Tafel XVIII ist der Berg das dominierende oder Hauptmerkmal. Es erregt unsere erste Aufmerksamkeit. Alles ist ihm unterworfen. Daher wird es „ZEHN" oder „Himmel" genannt . Als nächstes in der Bedeutung, ergänzend zum Berg, sind die Felsen. Diese sind daher CHI oder Erde; während alles, was zur Bewegung oder zum Leben des Bildes beiträgt, nämlich die Bäume, der Mensch, das Tier, die Brücke und der Fluss, als Jin oder MENSCH BEZEICHNET WERDEN , so dass das Bild dem ersten Gesetz der Komposition genügt, nämlich der Einheit in Vielfalt, die von TEN CHI JIN GEFORDERT WIRD .

Es gibt ein anderes Gesetz, das den allgemeinen Charakter einer Landschaft entsprechend der Jahreszeit bestimmt und folgendermaßen ausgedrückt wird: Berge im Frühling sollten Fröhlichkeit suggerieren; im Sommer grün und feucht; im Herbst Überfluss; im Winter Schläfrigkeit. Die Formel lautet wie folgt: SHUN- ZAN , *warau gotoshi* ; KASAN , *arau gotoshi* ; SHUZAN , *Yoso gotoshi* ; TOZAN , *Nemurugotoku* .

Ebenso gibt es je nach Jahreszeit vier Hauptarten, Bambus (CHIKU) ZU BEMALEN. Bei Schönwetterbambus (SEI CHIKU) sind die Blätter fröhlich ausgebreitet; bei Regenwetterbambus (UCHIKU) hängen die Blätter mutlos herab; Bei windigem Bambus (FUCHIKU) kreuzen sich die Blätter verwirrt, und im Tau des frühen Morgens (ROCHIKU) zeigen die Bambusblätter alle kräftig nach oben (Tafel LIII a 1 bis a 4) .

Die Kano-Künstler unterscheiden sich von den Shijo- Malern in ihrer Art, die Blätter und Zweige des Bambus zu kombinieren (*kasaneru*) . Im Allgemeinen zeigen die Shijo- Künstler die Blätter nach unten, während erstere sie nach oben zeigen, was effektiver ist.

Auch hier malen die Kano-Künstler in Schneelandschaften zuerst den unteren Rand der Schneegrenze und erzeugen dann durch Schattierung (*kumadori*) darüber mit sehr heller Tinte (*usui sumi)* den Effekt von angesammeltem Schnee. Die Okyo- Schule erzielt das gleiche Ergebnis auf viel brillantere Weise, indem sie nur einen einzigen geschickten Strich des gut gewässerten Pinsels verwendet, dessen Spitze nur mit *Sumi bestrichen ist.*

Einige Künstler , insbesondere Kubota Beisen und seine Anhänger, wenden beide Methoden an, die erstere für nahe und die letztere für entfernte Schneelandschaften.

Niedrige Berge in einer Landschaft lassen auf große Entfernung schließen. Fujiyama, das Lieblingsmotiv aller Künstler, sollte nicht zu hoch gemalt werden, sonst verliert es an Würde, wenn es zu nahe erscheint . In einem von Oishi Shuga verfassten Kunstwerk wird Fuji so reproduziert, wie er zu jeder Jahreszeit erscheint, sei es mit Schnee bedeckt, teilweise von Wolken verdeckt oder in klaren Umrissen deutlich sichtbar . Das Buch ist ein sicherer Ratgeber für Künstler.

Als nächstes betrachten wir möglicherweise einige Gesetze, die für Berge, Felsen und Felsvorsprünge gelten. Die großen Kunstschriftsteller Chinas haben schon vor langer Zeit festgestellt, dass Berge, Felsen, Felsvorsprünge und Gipfel bestimmte Merkmale aufweisen, die sie auszeichnen. Diese unterscheiden sich nicht nur durch ihre geologische Formation, sondern variieren auch mit den Jahreszeiten aufgrund der unterschiedlichen Gräser und Gewächse, die sie mehr oder weniger verändern oder verbergen können. Der Versuch, sie so zu reproduzieren, wie man sie sieht, war eine hoffnungslose Aufgabe, da es zu viele verwirrende Details gab; Daher werden nur hervorstechende Merkmale notiert, untersucht und nach dem sogenannten SHUN PO, dem Gesetz der Leisten oder Schichten, gemalt. Es gibt acht verschiedene Arten, wie Felsen, Felsvorsprünge und dergleichen dargestellt werden können:

Die Methode der geschälten Hanfrinde, HI MA SHUN GENANNT (Tafel XXIII a).

Die großen und kleinen Achsenstriche auf einem Baum, genannt DAI SHO FU HEKI SHUN (Tafel XXIII b).

Die Linien des Lotusblattes, genannt KA YO SHUN (Tafel XXIV a).

Alaunkristalle, genannt „HAN MEIDEN". (Tafel XXIV b).

Die losen Reisblätter, KAI SAKU SHUN GENANNT (Tafel XXV a).

Verwelkte Anzündzweige, genannt „RAN SHI SHUN". (Tafel XXV b).

Verstreute Hanfblätter, RAMMA SHUN GENANNT (Tafel XXVI a).

Die Falten am Hals einer Kuh, GYU GENANNT MO MEIDE (Tafel XXVI b)

.

Diese acht Gesetze sind nicht nur verfügbare Leitfäden für gewünschte Wirkungen; Sie verkürzen auch den Arbeitsaufwand und ersparen dem Künstler den unmöglichen Versuch, die physikalischen Bedingungen der Erde in einem Landschaftsgemälde exakt wiederzugeben. Sie sind Symbole oder Ersatz für die empfundene Wahrheit. Nichts ist interessanter als solche Kunstressourcen, mit denen die Stimmung einer Landschaft reproduziert wird, indem viele ihrer wesentlichen Merkmale suggeriert oder symbolisiert werden.

Es war eine Theorie des großen chinesischen Lehrers Chinanpin, die von ihm besonders vertreten wurde und die besagte, dass Bäume, Pflanzen und Gräser die Form eines Kreises annehmen, der in der Kunst „RIN" GENANNT WIRD KAN (siehe Tafel XXVII), Nr. 1; Gold hat einen Halbkreis (HAN KAN) (Platte XXVII), Nr. 2; oder eine Ansammlung von Halbkreisen, sogenannte Fischschuppen (GYO RIN) (Platte XXVII), Nr. 3; oder eine Abwandlung davon, sogenannte bewegliche Fischschuppen (GYO). RIN KATSU HO) (Tafel XXVII), Nr. 4. Wenn wir dieses Prinzip auf Tafel XXVIII, Nr. 1 entwickeln, haben wir theoretisch die erste Form des Baumwachstums und auf Tafel XXVIII, Nr. 2 wird dasselbe praktisch interpretiert. In Nr. In den Abbildungen 3 und 4 auf derselben Tafel wird das Graswachstum theoretisch und praktisch veranschaulicht. In Tafel XXIX ist nach dieser Methode das gesamte Skelett eines Waldbaums konstruiert. In Nr. 1 und 2 auf dieser Platte sind zahlreiche kleine Kreise angedeutet. Diese zeigen, wo jeder Pinselstrich beginnt, wobei die Ausgangspunkte für den richtigen Effekt von größter Bedeutung sind. In Nr.

3, derselben Tafel, sehen wir das Fundament eines Baumes in einem japanischen Gemälde. Es erübrigt sich, auf die wunderbare Kraft hinzuweisen, die sich in Werken zeigt, die nach den oben genannten Prinzipien aufgebaut sind.

Bei der Bemalung von Felsen, Felsvorsprüngen und dergleichen lehrte Chinanpin , dass die gekrümmten Linien der Fischschuppen in gerade Linien, drei an der Zahl, unterschiedlicher Länge, umgewandelt werden müssen, wobei zwei nahe beieinander liegen und die dritte Linie leicht getrennt ist, und alle entweder senkrecht oder horizontal, wie in Tafel XXX , Nr. 1 und 2. Auf derselben Tafel Nr. In den Abbildungen 3 und 4 wird das Prinzip des Felsbaus veranschaulicht. In Tafel XXXI , Nr. 1, 2 und 3 zeigt die praktische Anwendung dieser Theorie auf die *Kakemono-* Arbeit. Bei der Ausführung dieser Linien für Felsen wird großer Wert auf das Prinzip von IN YO GELEGT ; Auf den erhöhten Stellen muss der Pinsel leicht (NACH INNEN) und auf den unteren Stellen mit Kraft (YO) VERWENDET WERDEN. Am Boden, wo sich Gras, Schimmel und Moos ansammeln, wird ein eher trockener Pinsel (KWAPPITSU) mit festem Strich aufgetragen.

Als nächstes gibt es Gesetze für nahe und entfernte Bäume, Sträucher und Gräser, die der Jahreszeit entsprechen. Diese sind als die Gesetze der Punkte (TEN PO) BEKANNT ; das Sprichwort TEN TAI SAN NEN gibt an, dass es drei Jahre dauert, sie richtig herzustellen.

Sie sind wie folgt:

Der herabhängende Glyzinienpunkt (SUI BIS ZEHN) (Tafel XXXII a) für Federeffekte.

Der Chrysanthemenpunkt (KIKU KWA ZEHN) (Tafel XXXII b) im Sommerlaub verwendet.

Der Radspeichenpunkt (SHA RIN SHIN) (Tafel XXXIII a) ist der Kiefernnadelstrich und wird für Kiefern verwendet.

Das chinesische Schriftzeichen für das Verb „retten" (KAI JI TEN) (Tafel XXXIII b) , sowohl für Bäume als auch für Sträucher verwendet.

Der Pfefferpunkt (KOSHOTEN) (Tafel XXXIV a) . Dieser Punkt erfordert große Geschicklichkeit und freie Bewegung des Handgelenks. Es ist zu erkennen, dass die Punkte unterschiedlich groß sind, aber alle in die gleiche Richtung weisen.

Die Maus-Fußabdrücke (SO SOKU TEN) (Tafel XXXIV b) , verwendet für Kryptomerie und andere ähnliche Bäume.

Der gezackte oder sägezahnförmige Punkt (KYO SHI SHIN) (Tafel XXXV a) , häufig für entfernte Kieferneffekte verwendet.

Das chinesische Schriftzeichen für „eins" (ICHI JI TEN) (Tafel XXXV b) . Der von diesem Zeichen erzeugte Effekt ist bei der Darstellung von Ahorn und anderen Bäumen, deren Laub aus der Ferne in Schichten zu liegen scheint, sehr bemerkenswert.

Das chinesische Schriftzeichen für „Herz" (SHIN), genannt SHIN JI TEN (Tafel XXXVI a) . Dies wird sowohl für Laub als auch für Gras am effektivsten eingesetzt.

Das chinesische Schriftzeichen für „positiv" (HITSU), genannt HITSU JI TEN (Tafel XXXVI b) . Dieser Punkt oder Strich wird erfolgreich bei der Reproduktion des Laubwerks der Weide im Frühling eingesetzt.

Der Reispunkt, genannt BEI TEN (Tafel XXXVIII a) .

Der Punkt namens HAKU YO ZEHN (Tafel XXXVII b) ist kleiner als der Pfefferpunkt und wird vom Nelkenpunkt (SHO JI TEN) umgeben.

Es ist eine strikt einzuhaltende Regel, dass keiner dieser Punkte die Äste der Bäume, zu denen sie gehören, beeinträchtigen oder verdecken darf.

Der Begriff *Chobo Unter Chobo* versteht man die Praxis, ein Landschaftsgemälde, Steine, Bäume oder Blumen immer fertigzustellen, wobei bestimmte Punkte mit Bedacht hinzugefügt werden, um den Gesamteffekt zu beleben und zu verstärken. Diese mit einer federnden Handgelenksbewegung erzeugten Punkte dienen dazu, das Werk zu beleben und ihm Frische zu verleihen, so wie ein Regenschauer die Vegetation beeinflusst. Die Kano-Künstler legten größten Wert auf *Chobo Chobo* .

Es gibt viele urige Hilfsmittel für künstlerische Effekte, die den alten chinesischen Malern seit jeher bekannt und beliebt sind und in Japan immer noch erfolgreich praktiziert werden. Wahrscheinlich wird die größere Anzahl davon bei der technischen Konstruktion der Vier Paragone eingesetzt (S. 66 *ff.*). Es gibt noch andere: wie zum Beispiel das Fischschuppenmuster (Tafel XIX) , das beim Malen der Nadelbüschel der Kiefer oder der gebogenen Zweige der Weide verwendet wird; das Storchenbein für Kiefernzweige (Tafel XIX) ; der Kürbis für den Kopf und die verlängerten Kiefer des Drachen; das Ei für den Körper eines Vogels (Tafel XXII); das Hirschhorn für alle möglichen ineinander verschlungenen Zweige; das Schildkrötenrückenmuster oder die Drachenschuppen für die Kiefernrinde. Darüber hinaus wurden die allgemeinen Formen einiger chinesischer Schriften verwendet Zeichen werden zur Wiedergabe gewundener Bäche (Tafel XX) , Ansammlungen von Felsen, Wiesen, Sümpfen und anderen Gräsern und dergleichen herangezogen.

Natürlich darf die genaue Form der verschiedenen chinesischen Schriftzeichen, auf die hier Bezug genommen wird, nicht tatsächlich in die Komposition eingemalt werden, sondern es darf lediglich die Stimmung ihrer jeweiligen Formen in Erinnerung gerufen werden. Sie sind lediglich praktische Erinnerungshilfen für gewünschte Effekte.

Es ist der Geist der Figur und nicht ihre genaue Form, die bestimmen sollte; Da die Reihenfolge der gemalten Striche die des geschriebenen Zeichens ist, wird seine Stimmung oder allgemeine Form auf diese Weise reproduziert.

In diesem Zusammenhang möchte ich auf Kritiken oder Urteile über die japanische Malerei verweisen, bei denen besonderes Gewicht auf deren kalligraphische Qualität gelegt wird. Wenn ein japanischer Künstler ernsthaft darüber informiert würde, dass seine Malmethode kalligraphisch sei, würde er vor Freude explodieren. Es gibt mehrere Möglichkeiten, diesen weit verbreiteten Fehler zu erklären. Vieles, was über die japanische Malerei und ihre Kalligraphie geschrieben wird, ist nichts anderes als die Wiederholung dessen, was ein Autor von einem anderen übernommen hat, was manchmal ein wirksames Mittel zur Verbreitung von Fehlinformationen ist. Es stimmt durchaus, dass das eifrige Studium der chinesischen Schrift (SHO) ein wesentlicher Bestandteil einer gründlichen Kunsterziehung in Japan ist, allerdings nicht mit dem Ziel, das Malen beim Schreiben zu erlernen oder mehr oder weniger umgewandelte Schriftzeichen einzuführen ein Gemälde (falls das mit „kalligraphisch" gemeint ist), sondern einfach, um dem Künstler Freiheit, Selbstvertrauen und Anmut im Umgang mit dem Pinsel zu geben und sein Auge auf Form und Balance zu schulen und sowohl die Stärke des Strichs als auch des Strichs zu erwerben Kenntnis der Schlagfolge. Auf Chinesisch nach professioneller Art (SHO KA) ZU SCHREIBEN , ist wirklich eine große Kunst, die noch höher geschätzt wird als die Malerei; Es erfordert dreißig Jahre ständiger Übung, um darin ein Experte zu werden, und es gibt viele Gesetze und tiefgreifende Prinzipien, die es den Künstlern, wenn sie sie beherrschen, ermöglichen, in ihrer Malerei noch besser zu werden, und viele japanische Künstler sind zu Recht stolz darauf, Experten zu sein Autoren der chinesischen Schriftzeichen. Okyo übte drei Jahre lang täglich das Schreiben zweier komplizierter Schriftzeichen, die für seinen Namen standen, bis er mit deren Formen zufrieden war, aber an keinem von Okyos Gemälden ist etwas Kalligraphisches zu erkennen.

Was ausländische Kritiker und sogar einige japanische Schriftsteller möglicherweise in die Irre geführt hat, ist die Tatsache, dass es in Japan eine Klasse von Männern gibt, die sich dem Lernen, Schreiben und auch dem Malen auf besondere Weise widmen.

Diese Männer werden BUN JIN (Literaten) genannt und ihr Malstil heißt BUN JIN FU. SIE SIND KEINE KÜNSTLER, SONDERN ALS GELEHRTE DES

KONFUZIUS (JU SHA) bekannt , und da sie professionelle oder ausgebildete Schriftsteller in der schwierigen Kunst der chinesischen Kalligraphie sind, haben sie eine Art zu malen, die streng *sui generis ist. Es ist als* NAN GWA oder südliche literarische Malweise bekannt . Ihre Motive sind der Bambus, die Pflaume, die Orchidee und die Chrysantheme, die sogenannten vier Vorbilder (SHI) . KUN SCHI). Diese und Landschaften malen sie mit ihrem Schreibpinsel und mehr oder weniger in der sogenannten Grass-Character-Schreibweise (SO SHO) . Tatsächlich zielen sie oft darauf ab, ihre Malerei wie eine Schrift aussehen zu lassen, und sie verwenden selten eine Farbe außer Hellbraun (TAI SHA). Sie unterdrücken die Linie im Unterschied zur Masse. Diese Methode wird *Bokkotsu genannt* (siehe <u>Tafel XII</u>). Eine solche Malerei der NAN- GWA- Schule ist gewissermaßen kalligrafisch, aber das ist nicht die Art von Malerei, die japanische Künstler lehren, praktizieren und bekennen, noch wird sie überhaupt als Kunst anerkannt, sondern einfach als eine exzentrische Weiterentwicklung der Malerei literarischer Mann mit einer Vorliebe für die Malerei. Zu der einen oder anderen Zeit haben bekannte Künstler , insbesondere zu Beginn der Meiji-Ära, diesen BUN- JIN-Kalligrafiestil einfach als vorübergehende Mode beeinflusst.

Eine andere mögliche Erklärung dafür, dass die Kritiker alle japanischen Gemälde als kalligrafisch bezeichnen, besteht darin, dass verschiedene chinesische Schriftzeichen, wie wir gesehen haben, von japanischen Künstlern als Erinnerungshilfen zur Erzielung bestimmter Effekte herangezogen und eingesetzt werden; Aber wenn diese Zeichen kalligraphisch eingeführt würden, wäre das Ergebnis lächerlich. Es sollte klar sein, dass die japanische Malerei keine Kalligrafie ist; Wenden Sie den Begriff Kalligraphie auch auf eine von Turners Aquarellen an. Andererseits ist die chinesische Schrift auf Wortbildern aufgebaut. Es gibt zwischen fünf- und sechshundert Mutterfiguren, die alle die Formen von Gegenständen imitieren; Diese bilden zusammen mit ihren späteren Kombinationen das chinesische Schriftsystem, sodass die japanische Malerei zwar nichts Kalligraphisches, die chinesische Kalligraphie jedoch viel Bildhaftes hat.

Andere Landschaftsgesetze, die auf Dinge anwendbar sind, die in einem Gemälde aus der Ferne gesehen werden, verlangen, dass entfernte Bäume weder Äste noch Blätter zeigen dürfen; Menschen in einiger Entfernung, keine Gesichtszüge; ferne Berge, keine Felsvorsprünge; ferne Meere oder Flüsse, keine Wellen. Auch hier sollten Wolken anzeigen, wann sie kommen; fließendes Wasser in Richtung seiner Quelle; Berge, ihre Ketten; und Straßen, wohin sie führen.

In Bezug auf das Malen von fließenden Gewässern, ob tief oder flach, in Flüssen oder Bächen, Buchten oder Ozeanen, erklärte Chinanpin , es sei für das Auge unmöglich, ihre genauen Formen zu erkennen, weil sie sich ständig verändern und keine feste, eindeutige Form haben, daher sie kann nicht zufriedenstellend skizziert werden; Doch da fließendes Wasser in der Malerei dargestellt werden muss, sollte der Künstler lange und genau darüber nachdenken und über seinen allgemeinen Charakter nachdenken – ob es nun im Bach springt, im Fluss fließt, im Katarakt tost, im Meer wogt oder das Wasser umspült Ufer – beobachtet und reflektiert, und nachdem sowohl das Auge als auch das Gedächtnis ausreichend geschult sind und die Seele des Künstlers sozusagen von diesem einen Thema durchdrungen ist und er fühlt, dass sein ganzes Wesen ruhig und gelassen ist, sollte er sich dorthin zurückziehen Privatsphäre seines Ateliers und mit der frühen Morgensonne, um seinen Geist zu erfreuen, versuche er, die Bewegung des Flusses zu reproduzieren; nicht indem er kopiert, was er gesehen hat, denn die Wirkung wäre steif und hölzern, sondern indem er nach bestimmten Gesetzen symbolisiert, was er fühlt und erinnert.

Bei Arbeiten dieser Art gibt es bestimmte Anweisungen für die Verwendung des Pinsels, die nur durch mündliche Unterweisung und Demonstration durch den Meister erlernt werden können.

In Tafel XXXVIII a, 1 wird die Methode gezeigt, mit der Wellen reproduziert werden. Die Kreise zeigen an, wo der Pinsel auf sich selbst gedreht wird, bevor er sich erneut krümmt. Auf derselben Tafel (b) sind oben, in der Mitte und unten wellenloses Wasser, flaches Wasser und Flusswasser mit Strömung angegeben. Auf Tafel XXXIX a haben wir die bewegten Gewässer eines Binnenmeeres; in b das begrenzende Wasser eines Baches; in Tafel XL die stürmischen Wellen des Ozeans.

Wir werden nun einen weiteren einzigartigen Bereich der japanischen Malerei im Zusammenhang mit der Kleidung von Menschen betrachten. Die Linien und Falten des Kleidungsstücks können auf achtzehn verschiedene Arten bemalt werden, entsprechend den sogenannten achtzehn Gesetzen für das Kleid (EMON JU HACHI BYO). Ich werde jedes dieser Gesetze in seiner Reihenfolge erwähnen und auf die Tafelillustrationen derselben verweisen.

Die schwebende Seidenfadenlinie (KOU KO YU SCHI BYOU) (Platte XLI oben). Diese Linie wurde vor achthundert Jahren von der Tosa-Künstlerschule eingeführt und erfreut sich seitdem großer Beliebtheit. Es handelt sich um die reinste bzw. Standardlinie und ist den Gewändern gehobener Charaktere vorbehalten. Der Pinsel wird fest gehalten und die Linien, die an aus dem Kokon gezogene Seidenfäden erinnern, werden mit einer freien und ununterbrochenen Bewegung des Arms ausgeführt.

Die Koto-Saitenlinie (KIN SHI BYOU) (Platte XLI unten). Dies ist eine Linie von großer Würde und gleichmäßiger Rundheit vom Anfang bis zum Ende. Es wird hergestellt, indem etwas mehr von der Spitze des Pinsels verwendet wird als in der Seidenfadenlinie, und es darf bis zur Fertigstellung keine Unterbrechung oder Pause geben. Diese Zeile wird für würdevolle Themen verwendet.

Jagd auf Wolken und fließende Wasserlinien (KOU UN RYU SUI BYOU) (Tafel XLII oben). Diese entstehen durch eine wellenartige, kontinuierliche Bewegung des Pinsels – sozusagen durch Atmen. Solche Linien sind im Allgemeinen den Kleidungsstücken von Heiligen, jungen Männern und Frauen vorbehalten.

Die gespannte Eisendrahtlinie (TETSU SEN BYOU) (Platte XLII unten). Dies ist eine sehr wichtige Linie, die häufig von Tosa- Künstlern verwendet wird und für die formellen, streng geschnittenen Kleidungsstücke von Hofadligen, *Samurai*, KEINE Tänzer und Schiedsrichter von Ringkämpfen. Beim Malen dieser Linie muss der Künstler das Gefühl haben, auf Metall zu schnitzen.

Die Nagel-Kopf- und Rattenschwanz-Linie (TEI ALLE SOBI BYOU) (Platte XLIII oben). Dabei beginnt der Strich mit dem Gefühl, die harte Natur eines Zaumzeugs zu malen und zu reproduzieren, und fährt dann mit der Darstellung des Schwanzes einer Ratte fort, der nach und nach kleiner und wunderschön kleiner wird.

Die Linie des weiblichen Hofadligen oder *Tsubone* (ALSO ICH BYOU) (Platte XLIII unten). Diese und die vorangegangene Linie werden häufig für die weichen und anmutigen Kleidungsstücke junger Männer und Frauen verwendet und waren schon immer die Favoriten der *Ukiyo- e-* Maler.

Die Weidenblattlinie (RYU YOU BYOU) (Tafel XLIV oben). Diese Linie erfreute sich seit jeher großer Beliebtheit bei allen Schulen, insbesondere bei den Kano-Malern, und wird wahllos für Göttinnen, Engel und Teufel verwendet. Es soll das Gefühl des Weidenblattes reproduzieren, das mit einer feinen Spitze beginnt, ein wenig anschwillt und dann wieder abnimmt.

Die Angleworm-Linie (KYU EN BYOU) (Platte XLIV unten). Der Winkelwurm ist über seine gesamte Länge gleichmäßig rund und mit diesem Gefühl oder *Kokoromochi* muss er bemalt werden, wobei darauf zu achten ist, dass die Pinselspitze entlang der Linie verdeckt wird. Dies ist eine der wichtigsten Linien in der gesamten Farbmalerei. In der Tat ist es die beste und beliebteste Linie, wenn dem Bild viel Mühe gegeben und die Farben sorgfältig aufgetragen werden müssen.

Der rostige Nagel und die alte Pfostenlinie (KETSU ALLE TEI BYOU) (Platte XLV oben). Diese Linie wird mit einem Pinsel gemalt, dessen Spitze abgebrochen wird. Die Kano- Künstlerschule nutzt diese Methode der

Linienmalerei besonders bei der Darstellung von Bettlern, Einsiedlern und anderen ähnlichen Charakteren.

Die Dattelsamenlinie (SAU GAI BYOU) (Tafel XLV unten). Diese Linie, die eine kontinuierliche Abfolge von Dattelsamen darstellen soll, wird mit einem pochenden Pinsel hergestellt und im Allgemeinen für die Kleidung von Weisen und berühmten Gelehrten verwendet.

Die gebrochene Schilflinie (SETSU RO BYOU) (Tafel XLVI oben) wird mit einem eher trockenen Pinsel angefertigt und sollte, wie der Name schon sagt, mit dem Gefühl bemalt werden, gebrochenes Schilfrohr zu reproduzieren. Es handelt sich um eine Zeile, die Schrecken, Ehrfurcht und Bestürzung hervorrufen soll und für Kriegsgötter, FUDO , VERWENDET WIRD *Sama und* andere Gottheiten.

Die knorrige Knotenlinie (KAN RAN BYOU) (Tafel XLVI unten). Bei dieser Art von Malerei wird der Pinsel von Zeit zu Zeit angehalten und in sich selbst gedreht, mit dem Gefühl, die knorrigen Äste eines Baumes zu erzeugen. Die Linie wird häufig für Geister, Traumbilder und dergleichen verwendet.

DIE wirbelnde WASSERLINIE PITSU SUI MON BYOU) (Platte XLVII oben) wird für schnelles Arbeiten verwendet und reproduziert den Wirbel des Baches. Es war eine Lieblingslinie von Kyosai .

Die Unterdrückungslinie (GEN PITSU BYOU) (Tafel XLVII unten) eignet sich dort, wo nur wenige Linien in die Bemalung des Kleides eingehen. Jede der anderen siebzehn Zeilen kann auf diese Weise verwendet werden. Die Kano-Künstler nutzten es häufig.

Trockener Zweig oder altes Brennholz (KO SHI) . BYOU) (Tafel XLVIII oben) wird im Allgemeinen in den Gewändern alter Männer verwendet und mit dem sogenannten Trockenpinsel hergestellt; das heißt, ein Pinsel mit sehr wenig Wasser vermischt mit dem *Sumi.* Der Strich muss kräftig und frei sein, um effektiv zu sein.

Die Orchideenblattlinie (LIEF YAU BYOU) (Platte XLVIII unten). Dies ist eine sehr schöne Malmethode, bei der die anmutige Form des Orchideenblatts in Erinnerung gerufen wird; Die Linie wird im Allgemeinen für die Kleider von *Geishas* und Schönheiten (*Bijin*) *verwendet* .

Die Bambusblattlinie (CHIKU JA BYOU) (Platte XLIX oben). Dieser Malstil, der das Blatt des Bambus suggerieren soll, war früher in China sehr beliebt. Japanische Künstler nutzen es selten.

Der gemischte Stil (KON BYOU) (Tafel XLIX unten), bei dem jeder der oben genannten siebzehn Stile verwendet werden kann, vorausgesetzt, dass der Körper des Kleidungsstücks zuerst in Masse aufgelegt und die Linien anschließend aufgetragen werden, während das *Sumi* oder die Farbe noch feucht ist. Dies ergibt einen seidigen Effekt.

Es gibt viele andere Möglichkeiten, die Linien des Kleidungsstücks zu malen, aber die vorangehenden achtzehn Gesetze geben die streng klassischen Methoden wieder, die in der orientalischen Kunst bekannt sind.

Die Orchideen-, Bambus-, Pflaumen- und Chrysanthemen-Vorbilder (RAN CHIKU BAI KIKU) werden in der Kunst die vier Vorbilder genannt. Auch wenn es sich hierbei möglicherweise um die ersten Fächer handelt , die unterrichtet werden, handelt es sich im Allgemeinen um die letzten Fächer, die erlernt werden. In China und Japan wurde viel über sie gelernt und geforscht. Ein Künstler , der SHI malen kann KUN SHI ist ein Meister des Pinsels. Ich werde einige der Gesetze angeben, die für jedes dieser Themen gelten.

Die Orchidee wächst in den tiefsten Bergnischen, verströmt ihren Duft und entfaltet ihre Schönheit in Stille und Einsamkeit, unangekündigt und unsichtbar; So wurde es vor 1500 Jahren vom Dichter und Maler San Koku unabhängig von seiner Umgebung und der Erfüllung seines Seinsgesetzes zum Sinnbild wahren Adels erklärt und war daher ein Vorbild. In der Poesie wird es der Spiegel der Jungfrau genannt. Viele große chinesische Schriftsteller haben die Orchidee (RAN) als Pseudonym verwendet, darunter Ran Ya , Ran Tei , Ran Kiku und Ran Ryo.

Tafel LII zeigt eine blühende Orchideenpflanze. Die festgelegte Reihenfolge der Pinselstriche für die Blätter ist an den Spitzen durch die Ziffern eins bis elf angegeben; die des Blütenstiels und der Blüte durch die Nummern zwölf bis einundzwanzig. In der Malerei sowohl der Pflanze als auch der Blume werden verschiedene Formen herangezogen und mehr oder weniger grafisch angedeutet. Diese Formen sind wie folgt durch Nummern gekennzeichnet:

Blattspreite Nr. 1 reproduziert zweimal den Magen der Gottesanbeterin (22), den Schwanz der Ratte (23), mit der Wolkensehnsucht (BO UN) der Spitze (24). Blatt Nr. 2 ist ähnlich aufgebaut, ist jedoch so bemalt, dass es Blatt Nr. 1 schneidet und zwischen ihnen einen Raum (Nr. 25) lässt, der als Elefantenauge bezeichnet wird. Blatt Nr. 3 wird von Blatt Nr. 4 geschnitten und schließt einen weiteren Raum zwischen ihnen ein, der als „Auge des Phönix" bekannt ist. Hinzufügen von Blättern Nr. 5 und 6, SEKI oder *Kazari* genannt , was Ornament bedeutet, haben wir die wesentlichsten Teile der Orchideenpflanze. Blatt Nr. 7 ist als Rattenschwanz und Blatt Nr. 8 als Körper eines jungen Karpfens bekannt. Nr. 9,10 und 11 werden wegen ihrer angeblichen Ähnlichkeit mit solchen Objekten Nagelköpfe genannt. Damit ist die Anlage baulich fertiggestellt.

Bambus, Spatz und Regen. Tafel VII.

Der Blütenstiel ist in vier Teile (Nr. 12 bis 15) unterteilt, die Reisscheiden genannt werden. Die Blume besteht aus sechs Strichen (16 bis 21), die sogenannte fliegende Biene (26). Die drei Punkte in der Blume geben die Bedeutung des chinesischen Schriftzeichens für Herz wieder (23).

Die Orchidee ist auf verschiedene Weise gemalt und erhebt sich aus dem Boden, entspringt einem Bachufer oder klammert sich mit ihren Wurzeln an eine felsige Klippe. In Anspielung auf die einsamen Orte, an denen es wächst, wird es *I shiri no kusa oder die Pflanze* genannt , die das Wildschwein kennt. Der Orchidee werden medizinische Eigenschaften zugeschrieben, und aus der in Wein getränkten Blüte entsteht ein Trank, der für ewige Gesundheit sorgt. Der Charme der Freundschaft wird mit dem Duft der Orchidee in Verbindung gebracht und die Blumen werden von den Damen des Hofes getragen, um Krankheiten abzuwehren.

Die Blätter des Bambus sind zu jeder Jahreszeit grün. Die Stängel sind gerade und zeigen nach oben. Die Pflanze ist unter allen Bedingungen wunderschön

– sie kämpft unter dem Winterschnee oder wird von der Frühlingsbrise angeweht, sie schwankt im Sturm oder beugt sich unter Regenschauern – ihre Anmut fordert Bewunderung heraus. Es steht für Beständigkeit und aufrichtiges Verhalten und wurde vor über tausend Jahren von Shumo beansprucht Shiku soll ein Vorbild sein.

Nichts ist schwieriger richtig zu bemalen als diese Pflanze. Tafel LIII zeigt den Bambus mit seinen wesentlichen Bestandteilen und Formen, die wie folgt angegeben sind: Der aufrechte Stiel ist in fünf Unterteilungen (1 bis 5) unterteilt, die sich jeweils in der Länge unterscheiden, aber alle auf das chinesische Schriftzeichen für einen (ichi) gemalten AUFRECHTEN STIEL HINWEISEN . Diese sind durch Striche voneinander getrennt, die die chinesischen Schriftzeichen für positiv (22), für Herz (23), für Sekunde (24), für eins (25) und für acht (26) wiedergeben. Der Stamm (6 bis 10) besteht aus Rattenschwänzen. Die Art und Weise, die Blätter des Bambus zu bemalen und zu kombinieren, wird „ *Take no ha no kumitata* " *genannt* und wird in Ransais großartigem Werk „*Gwa Fu*" *ausführlich beschrieben und illustriert*. Das Wesentliche ist: Das fünfblättrige Arrangement (GO YO) (11 BIS 15) MIT DEM ORNAMENT (16), *Kazari* genannt . Die dreiblättrige Anordnung (17 bis 19) wird aufgrund ihrer Ähnlichkeit mit dem chinesischen Schriftzeichen KO (32) „KO JI" GENANNT . Die zweiblättrige Anordnung (20 und 21) wird wegen ihrer Ähnlichkeit mit dem Schriftzeichen JIN (33), einem Mann, „ JIN JI" GENANNT. Bei der Weiterentwicklung der Pflanze werden folgende imitierende Anordnungen der Blätter verwendet: Der Fischschwanz (GYO BI) (27), der Goldfisch-Dreifachschwanz (KINGYO BI) (28), der Schwalbenschwanz (EN BI) (29), das chinesische Schriftzeichen für Bambus (CHIKU JI) (30) und die siebenblättrige Anordnung (SHICHI) . YO) (31). Es wird beobachtet, wie die ungeraden oder positiven Zahlen (YO) bevorzugt werden. Die oben genannte Methode wird von den Okyo- Malern verwendet

.

Die Kano-Künstler haben ein anderes System zur Kombination und Ausarbeitung des Blattwachstums, das sich jedoch nicht grundlegend von dem hier vorgestellten unterscheidet. Das Bambusblatt ist der Form eines Karpfenkörpers nachempfunden (34). Es ähnelt auch den Schwanzfedern des Phönix . Aus dem Bambus wird ein Öl hergestellt, das gut für Menschen mit hitzigem Temperament sein soll. Viele Künstler verwenden den Namen Bambus als Pseudonym; Zeuge, Chiku Jo, Chiku Do, Chiku Sho , Chiku Den und dergleichen.

Es wird gesagt, dass der Vollmond den Schatten des Bambus auf eine Weise wirft, wie kein anderes Licht ihn erreichen kann. Der gelehrte Okubu Shibutsu beobachtete dies als erster und die Entdeckung führte dazu, dass er der größte aller Bambusmaler wurde. Jeden Abend zeichnete er mit *Sumi* solche Bambusschatten auf sein Papierfenster. Sho Hin , eine Künstlerin aus

Tokio, genießt einen wohlverdienten Ruf für die Malerei von Bambus. Sie war eine Schülerin von Tai Zan, einem Kyoto-Vertreter der chinesischen Schule. Die Kano-Maler bevorzugten das Thema der sieben Weisen im Bambushain. Bambusgras (SASSA) wird von allen Schulen vielfach bemalt. Es ist sehr dekorativ. Es gibt einen männlichen und einen weiblichen Bambus; aus letzterem (*Medake*) werden Pfeile hergestellt. Die Verwendungszwecke des Bambus sind überraschend zahlreich, was seinen Anspruch, als Vorbild zu gelten, untermauert.

Die Pflaume ist der erste Baum des Jahres, der blüht. Es hat einen zarten Duft. Obwohl der Stamm des Baumes alt wird, erneuert er jeden Frühling seine Jugend und Schönheit mit kräftigen, frischen Zweigen voller Knospen und Blüten. Im Alter nimmt der Baum die Form eines schlafenden Drachen an. Mit keiner anderen Blume und keinem anderen Baum sind schönere und traurigere Folklore und historische Fakten verbunden. Aus diesen und anderen Gründen hat Rennasei der Pflaume schon vor Jahrhunderten ihren Platz als Vorbild eingeräumt.

Die Baumzweige mit ihren Verflechtungen reproduzieren den Geist des chinesischen Schriftzeichens für Frau, genannt „JO JI" (Tafel L , Nr. 1). Die Blüte (2) ist nach dem IN- YO -PRINZIP GEMALT , wobei der obere Teil der Blütenblattlinie das Positive oder YO und der untere das Negativ oder DIE IN- Seite darstellt. Dies wird fünfmal für die fünf Blütenblätter der Blüte wiederholt (3). Die Staubblätter (4) und Stempel sind Reproduktionen des chinesischen Schriftzeichens SHO , was „klein" bedeutet. Für den Kelch (5) wird das chinesische Schriftzeichen für Nelke (CHO) herangezogen.

Der große Gelehrte und Adlige Sugewara Michizane liebte besonders den Pflaumenbaum. Als er aus seinem Zuhause verbannt wurde, wandte er sich beim Verlassen seines Grundstücks mit dem folgenden Vers an den stillen Wächter seines Gartens, der unsterblich geworden ist:

Verströme, lieber Pflaumenbaum, deinen Duft, wenn der Ostwind weht;

Und obwohl dein Meister nicht mehr hier ist,

Vergessen Sie nicht, immer zu blühen, wenn der Frühling kommt.

In Japan hat die Pflaume, auch wenn sie nicht roh verzehrt wird, in gesalzenem Zustand wunderbare krafterhaltende Eigenschaften und wird in Kriegszeiten als *Ume verwendet Boshi* ist ein wertvolles Kraftfutter.

Die Chrysantheme wird in China seit viertausend Jahren angebaut und ihr Ruhm wurde vom Dichter und Gelehrten To En Mei besungen, der sie über alles andere unter dem Himmel schätzte und ihr den Rang eines Vorbilds verlieh.

Wenn sich die ganze Natur auf den langen Winterschlaf vorbereitet und die roten, braunen und goldenen Blätter des Waldes geistlos zu Boden fallen, kommt die Chrysantheme in frischen und strahlenden Farben aus der Erde. Es erfreut das Herz in der traurigen Jahreszeit des Herbstes. Seine gebündelten Blütenblätter, alle vereint und niemals verstreut, verkörpern die Familie, den Staat und das Imperium. Seit sechshundert Jahren ist die sechzehnblättrige Chrysantheme das Symbol der kaiserlichen Souveränität in Japan. Bei Künstlern war es schon immer ein beliebtes Blumenmotiv. Es gibt unzählige Möglichkeiten, es zu bemalen.

Tafel LI zeigt die Chrysanthemenblüte und -blätter im Okyo- Stil bemalt. Es gibt eine festgelegte Reihenfolge, in der die Blätter ausgeführt werden müssen. Von vorne betrachtet (Nr. 1 und 2) ist die Reihenfolge der Pinselstriche wie auf der Tafel angegeben; Von der Seite gesehen wird der Pinsel in der in Nr. angegebenen Reihenfolge aufgetragen. 4 und 5. Die Blüte (6 und 7) wird aus der Knospe (5) aufgebaut, wobei je nach gewünschter Wirkung Blütenblätter hinzugefügt werden. Die halb geöffnete Blüte ist in Nr. 6 dargestellt, die vollständig geöffnete in Nr. 7. Der Kelch gibt in gewisser Weise das chinesische Schriftzeichen CHO WIEDER . Die Kano- Maler haben eine andere Art, die Blätter und Blüten der Chrysanthemen zu malen, aber das Vorstehende veranschaulicht die allgemeinen Prinzipien, die in allen Schulen gelten. Korin malte das KIKU auf eine ganz andere Art und Weise als jeder andere Künstler. Das Wort KIKU kommt aus dem Chinesischen, das japanische Wort für die Blume ist *Kawara Yomogi* . Die Nagoya-Künstler waren schon immer besonders geschickt darin, die Chrysantheme auf außergewöhnlich ansprechende Weise zu malen. Die kleine margeritenartige Blüte heißt *Mame-Giku und* ist bei allen Künstlern ein Favorit.

Wer diese verschiedenen Gesetze zum ersten Mal aufzählt, erweckt möglicherweise den Eindruck, dass alle diese Methoden zur Erzielung künstlerischer Wirkungen willkürlich, mechanisch und unnatürlich seien. Aber in der Praxis stellt der Künstler, der ihre Hilfe in Anspruch nimmt, fest, dass sie ausnahmslos erfreuliche und zufriedenstellende Ergebnisse liefern. Es darf nicht angenommen werden, dass solche Gesetze alle anderen

Malmethoden im japanischen Stil ausschließen. Vielmehr steht es dem Künstler frei, jede andere von ihm gewählte Methode anzuwenden, sofern das Ergebnis künstlerisch korrekt ist. Viele Maler haben eigene Methoden erfunden, die in der vorstehenden Aufzählung dieser Gesetze von Linien, Punkten und Leisten nicht enthalten sind und die – es muss immer berücksichtigt werden – nur dazu dienen, dem Künstler zu helfen, der Zweifel oder Schwierigkeiten hat wie er die von ihm angestrebte Wirkung am besten zum Ausdruck bringen kann. Für ihn ist es so selbstverständlich, dass er dies so unbewusst tut, wie jemand, der sich beim Schreiben auf die Regeln der Grammatik beruft. Es wird berichtet, dass ein großer Staatsmann auf die Frage, ob es für einen Diplomaten notwendig sei, Latein und Griechisch zu beherrschen, antwortete, dass es völlig ausreiche, wenn er sie vergessen habe. Und so ist es auch mit diesen Gesetzen. Ihre Kenntnis ist ein notwendiger Teil der Ausbildung jedes japanischen Künstlers, denn sie bilden die Grundlage der Kunst der orientalischen Malerei. In der chinesischen Schrift gibt es viele ähnliche Prinzipien; Es ist ein Gesetz, das auf eine Art solcher Schrift, REI SHO GENANNT , ANWENDBAR ist, dass in jedem Zeichen ein Strich vorhanden sein muss, der mit dem Kopf einer Seidenraupe beginnt und mit einem Gänseschwanz endet. Auch das mag seltsam klingen und erzwungen wirken, doch dieses Gesetz verleiht dem so geschriebenen Charakter ein besonderes und wunderbares *Gütesiegel* .

Eine gewisse Vertrautheit mit diesen von Künstlern angewandten Prinzipien und Methoden trägt viel zu unserer großen Freude an ihrer Arbeit bei, so wie eine Analyse der Akkorde in einer Musikkomposition unsere Freude an den Harmonien steigert, die sie erzeugen. Ruskin hat in der allerersten Kunst die häufige Verwendung einfacher Formen entdeckt, die durch das leicht gebogene und federnde Profil der Blattknospe suggeriert werden, was seiner Meinung nach sogar in Gebirgsketten von enormer Bedeutung ist, wenn nicht lebenswichtige, sondern fallende Kraft suggeriert wird. „Zu dieser abstrakten Schlussfolgerung gelangten als erste die großen Künstler des 13 Anordnung seiner Teile um einen Mittelpunkt.

In der japanischen Kunst werden oft einfache, von der Natur bereitgestellte Formen verwendet, um andere Formen anzudeuten, wie zum Beispiel die Beine des Storchs für die Kiefernzweige, der Rücken der Schildkröte für die Rindenlinien der Kiefer, der Fischschwanz für Bambusblätter, das Auge des Elefanten im Orchideenpflanze, die Form von Fujiyama für die Stirn einer schönen Frau und verschiedene chinesische Schriftzeichen, ursprünglich bildhaft, angedeutet in Bäumen, Blumen und anderen Motiven. Die von orientalischen Künstlern erkannte und angewandte Universalität solcher Grundtypenformen bestätigt den Grundsatz, dass sowohl in der Natur als auch in der Kunst alles durch eine gemeinsame Kette oder *ein „commune vinculum" verbunden ist* , das die Harmonie zwischen den geschaffenen Dingen bezeugt. Ein japanisches Gemälde, das mit Hilfe solcher Mittel geschaffen wurde, strotzt nur so vor Lebenskraft und Suggestion und wird für das Auge eines Kenners (*kuroto*) zu einem atmenden Mikrokosmos.

Um eine Vorstellung von der Reihenfolge zu geben, in der die Bestandteile eines Objekts nach japanischen Regeln bemalt werden, die immer streng eingehalten werden, werden Blumen wie Chrysanthemen und Pfingstrosen an ihrem Mittelpunkt begonnen und von innen nach außen aufgebaut. Die Blütenblätter werden hinzugefügt, um die Größe zu vergrößern, wenn sich die Blüte öffnet. Bei einem Blumenmotiv werden zuerst die Blüten gemalt; als nächstes kommen die Knospen; dann der Stängel, die Stängel, die Blätter und ihre Adern und schließlich die Punkte, die *Chobo genannt werden Chobo* .

Die etablierte Reihenfolge für die menschliche Figur ist wie folgt: Nase und Augenbrauen, Augen, Mund, Ohren, Gesichtsseiten, Kinn, Stirn, Kopf, Hals, Hände, Füße und schließlich der bekleidete Körper. In der japanischen Kunst wird die nackte Figur nie gemalt.

Bei einem Baum besteht die Reihenfolge aus Stamm, Mittel- und Seitenästen (Tafel XXI) , Ästen und ihren Unterteilungen, Blättern und ihren Adern sowie Punkten.

Bei Vögeln: Der Schnabel in drei Strichen (TEN, CHI, JIN), das Auge, der Kopf, der Hals und die Brust, der Rücken, die Flügel, der Körper, der Schwanz, die Beine, Krallen, Nägel und der Augapfel (Tafel XXII) .

Bei Landschaftsarbeiten gilt als allgemeine Regel, dass zuerst das Nächstliegende und zuletzt das, was am weitesten entfernt ist, gemalt wird. Kubotas Methode bestand darin, dies alles schnell und, wenn möglich, mit einem einzigen Eintauchen des gut gewässerten Pinsels in das *Sumi zu tun,* so dass mit zunehmender Verdünnung und Erschöpfung des Sumi die *richtige* Wirkung von Vordergrund, mittlerer Entfernung und Fernperspektive erzielt wird.

Beim Malen von Gebirgszügen, die hintereinander zurücktreten, wird derselbe Vorgang befolgt, und Berge, die rechts oder links vom Bild verschwinden, sollten dazu neigen, sich zu erheben. Dieses Prinzip wird BO UN oder Wolkensehnsucht genannt .

Es ist hier zwecklos, die vielen Fehler aufzuzählen, vor denen Kunststudenten gewarnt werden. Es genügt zu sagen, dass die Zahl enorm ist. Von vielen chinesischen Formeln werde ich nur eine nennen, die als SHI BEKANNT IST BYO oder die vier Fehler und lautet wie folgt:

JA, KAN , ZOKU , RAI. JA bezieht sich auf den Versuch, einem Gemälde Originalität zu verleihen, ohne ihm Charakter verleihen zu können, indem man von allen Gesetzen ausgeht, um etwas zu schaffen, das sich nicht auf irgendein Gesetz oder Prinzip reduzieren lässt. KAN erzeugt nur einen oberflächlichen, angenehmen Effekt ohne jegliche *Kraft* im Pinselstrich – ein charakterloses Gemälde, das nur Unwissende bezaubert. ZOKU WEIST DARAUF HIN, DASS DIE MALEREI nur aus Söldnergründen fehle und an Geld und nicht an Kunst denke. RAI ist die grundlegende Nachahmung oder das Kopieren oder Kopieren anderer.

KAPITEL FÜNF.
Kanons der Ästhetik der japanischen Malerei

Eines der wichtigsten Prinzipien in der Kunst der japanischen Malerei – in der Tat ein grundlegendes und völlig charakteristisches Merkmal – ist die sogenannte lebendige Bewegung, SEI DO oder *Kokoro Mochi,* bei der es sich sozusagen um die Übertragung des Filzes auf die Arbeit handelt Art des vom Künstler zu malenden Gegenstandes. Welches Thema auch immer übersetzt werden soll – ob Fluss oder Baum, Felsen oder Berg, Vogel oder Blume, Fisch oder Tier – der Künstler muss im Moment des Malens seine wahre Natur spüren, die er durch die Magie seiner Kunst in sie überträgt Sein Werk soll für immer bleiben und alle, die es sehen, mit den gleichen Empfindungen berühren, die er bei der Ausführung empfand.

Dabei handelt es sich nicht um ein eingebildetes Prinzip, sondern um ein streng durchgesetztes Gesetz der japanischen Malerei. Der Schüler wird ständig dazu ermahnt, dies zu beachten. Handelt es sich bei seinem Motiv um einen Baum, wird er beim Malen aufgefordert, die Kraft zu spüren, die durch die Äste schießt und die Äste trägt. Oder wenn es sich um eine Blume handelt, versuchen Sie, die Anmut zu spüren, mit der sie ihre Blüten ausdehnt oder neigt. In der Tat wird seine Aufmerksamkeit auf nichts beständiger gedrängt als auf dieses große Grundprinzip, dass es unmöglich ist, in der Kunst auszudrücken, was man nicht zuerst fühlt. Die Römer lehrten ihre Schauspieler, dass sie zuerst weinen müssen, wenn sie andere zu Tränen rühren wollten. Die Griechen haben das Prinzip sicherlich verstanden, aber wie haben sie es sonst geschafft, ihren Marmorkreationen unvergängliches Leben zu verleihen?

In Japan besteht das höchste Kompliment an einen Künstler darin, zu sagen, dass er mit seiner Seele malt und sein Pinsel den Geboten seines Geistes folgt. Japanische Maler wiederholen häufig den Grundsatz:

Waga kokoro waga Te wo yaku

Waga Du waga kokoro weder Ozuru .

Unser Geist muss unsere Hand zu seinem Diener machen;

Unsere Hand muss auf jeden Befehl unseres Geistes reagieren.

Dem japanischen Künstler wird beigebracht, dass er selbst beim Platzieren eines Punktes im Augapfel eines Tigers zunächst den wilden, grausamen, katzenartigen Charakter des Tieres spüren muss und nur unter diesem Einfluss den Pinsel anwenden sollte . Wenn er einen Sturm malt , muss er in diesem Moment erkennen, dass genau der Tornado über ihn hinwegzieht, der Bäume aus ihren Wurzeln und Häuser aus ihren Fundamenten reißt. Sollte er die Meeresküste mit ihren Klippen und dem bewegten Wasser darstellen, muss er in dem Moment, in dem er die wellengebundenen Felsen ins Bild bringt, das Gefühl haben, dass sie dort platziert werden, um der heftigsten Bewegung des Ozeans zu widerstehen, während er wiederum den Wellen ausgesetzt ist muss eine unwiderstehliche Kraft verleihen, alles vor sich herzutragen; Somit wird durch dieses Gefühl, lebendige Bewegung (SEI DO) GENANNT, dem unbelebten Objekt Realität verliehen. Dies ist eines der wunderbaren Geheimnisse der japanischen Malerei, die von den großen chinesischen Malern weitergegeben wurde und auf psychologischen Prinzipien basiert – Materie, die auf den Geist reagiert. Chikudo , der berühmte Tigermaler (Tafel VI) , studierte und dachte so lange über den wilden Ausdruck im Auge des Tigers nach, um seine Wildheit zu reproduzieren, dass er, wie es heißt, einst geistig aus dem Gleichgewicht geriet, aber seine Bilder von Tiger sind unnachahmlich. Sie veranschaulichen, WAS SIE TUN.

Aus dem Gesagten wird ersichtlich, warum in einem japanischen Gemälde so viel Wert auf die Stärke der Pinselstriche *(fude no chicara)* *und* auf die unterschiedlichen Lichter und Schattierungen der *Sumi gelegt wird* (BOKU SHOKU), auf ihr Spiel und ihren Glanz *(tsuya)* und auf die Manifestation der Kraft des Künstlers nach dem Prinzip der lebendigen Bewegung (SEI DO). In einer europäischen Malerei haben solche Überlegungen keinen Platz.

Ein Ölgemälde kann ausgewischt und immer wieder neu gemalt werden, bis der Künstler zufrieden ist. Eine *Sumi-* oder Tuschemalerei muss ein für alle Mal und ohne Bedenken ausgeführt werden, Korrekturen sind weder zulässig noch möglich. Jeder Pinselstrich auf Papier oder Seide, der ein zweites Mal bemalt wird, führt zu einem Fleck; das Leben hat es verlassen. Alle Korrekturen werden angezeigt, wenn die Tinte trocknet.

Japanische Künstler sind nicht an die wörtliche Darstellung des Gesehenen gebunden. Sie haben einen Kanon namens *esoragoto* , was wörtlich ein erfundenes Bild oder ein Bild bedeutet, in das bestimmte erfundene Fiktionen hineingemalt werden.

Jedes Gemälde muss, um wirksam zu sein, *esoragoto sein ;* das heißt, es müssen bestimmte künstlerische Freiheiten darin enthalten sein. Es sollte nicht so sehr darauf abzielen, die exakte Sache zu reproduzieren, sondern vielmehr auf die Stimmung, die sogenannte *Kokoro Mochi*, die den bewegenden Geist der Szene darstellt. Es darf kein Faksimile sein.

Wenn wir ein Gemälde betrachten, das uns gefällt, was ist der Grund oder die Quelle unserer Zufriedenheit? Warum verschafft uns ein solches Gemälde oft mehr Befriedigung als die Szene selbst, an die es erinnert? Es ist größtenteils auf *esoragoto* oder die Vermischung von Erfindung (der künstlerischen Unwirklichkeit) mit der unkünstlerischen Realität zurückzuführen; Der poetische Umgang oder die Behandlung dessen, was im Original steht, mag in mancher Hinsicht alltäglich sein.

Ein korrekt ausgeführtes japanisches Gemälde in *Sumi* namens *Sumi e* ist im Wesentlichen ein falsches Bild, was die Farbe betrifft, in dem alles dargestellt ist, was nicht Schwarz ist. Daher sind *Sumi-* Gemälde von Landschaften, Blumen und Bäumen hinsichtlich der Farbe unwahr, und die Kunst besteht darin, die Dinge so erscheinen zu lassen, als würden sie das Gegenteil von dem darstellen, was sie erscheinen, und das Gefühl der Farbe durch ein Medium spüren zu lassen, das keine Farbe enthält . Das ist *Esoragoto* .

Es wird berichtet, dass Okubo Shibutsu , berühmt für seine Bambusmalerei, gebeten wurde, ein *Kakemono* anzufertigen, das einen Bambuswald darstellt. Als er zustimmte, malte er mit all seinem ihm bekannten Können ein Bild, auf dem der gesamte Bambushain rot war. Als der Gönner ihn entgegennahm, staunte er über die außergewöhnliche Kunstfertigkeit , mit der das Gemälde ausgeführt worden war, und als er sich zum Wohnsitz des Künstlers begab, sagte er: „Meister, ich bin gekommen, um Ihnen für das Bild zu danken; aber entschuldigen Sie, Sie haben den Bambus rot gestrichen." „Nun", rief der Meister, „in welcher Farbe würdest du es dir wünschen?" „Natürlich in Schwarz", antwortete der Chef. „Und wer", antwortete der Künstler, „hat jemals einen schwarzblättrigen Bambus gesehen?" Diese Geschichte veranschaulicht *Esoragoto gut* . Die Japaner sind es so gewohnt, wahre Farbe mit dem zu assoziieren, wofür das *Sumi* steht, dass Fiktion in dieser Hinsicht nicht nur zulässig ist, sondern sogar übersehen wird, wenn sie nicht verwendet wird. In einer Landschaftsmalerei werden häufig Effekte eingeführt, die in der skizzierten Szene nicht zu finden sind. Das Falsche oder Fiktive wird hinzugefügt, um die Wirkung zu verstärken. Das ist *esoragoto* – der privilegierte Abschied, das Falsche, das als wahr erscheint. In einer Landschaft befindet sich ein Baum oft an einer ungünstigen Stelle oder es gibt keinen Baum, dessen Anwesenheit den Effekt verstärken würde. Hier wird der Künstler es je nach den Erfordernissen der Behandlung entweder unterdrücken oder hinzufügen. Nicht jede Landschaft wird durch Bäume oder Plantagen verbessert; Tatsächlich ist auch nicht jede Ansicht, die Bäume enthält, eine typische Szene für die Landschaftsbehandlung. Daher werden dem Künstler bestimmte Freiheiten eingeräumt, sofern nur die Wirkung angenehm und zufriedenstellend ist und

keine Wahrscheinlichkeiten verletzt zu sein scheinen. Das ist *Esoragoto* .
Horaz hat dies verstanden und legt es als Grundprinzip der Kunst fest: „
Quid libet audendi " . Der Künstler wird oft aus einer Perspektive sehen, die in
der Natur unmöglich ist, aber wenn das Ergebnis gefällt, wird ihm die
Freiheit gewährt. Sesshu , einer der größten Landschaftsmaler Japans, fertigte
nach seiner Rückkehr in sein Heimatland, nachdem er einige Jahre in China
studiert hatte, ein Gemälde seines Heimatdorfes mit seinem Tempel und
seinen Tempelhainen, dem gewundenen Fluss und der Pagode oder dem
Turm mit fünf Dächern an. Als er später darauf aufmerksam gemacht wurde,
dass es in diesem Dorf weder einen Turm noch eine Pagode gab, rief er aus,
dass es einen geben müsste, um die Landschaft perfekt zu machen, und ließ
daraufhin den Turm auf eigene Kosten errichten. Er hatte unbewusst in der
Pagode gemalt. Das war *esoragoto* .

Es gibt kein Volk auf der Welt, das eine höhere Vorstellung von der Würde
der Kunst hat als die Japaner, und für sie ist es ein Grundsatz, dass jedes
Gemälde, das diesen Namen verdient, diese Würde widerspiegeln, seinen
eigenen Wert und damit gerecht bezeugen sollte Beeindrucken Sie diejenigen,
denen es gezeigt wird, mit Gefühlen der Bewunderung. Diese innewohnende
Erhabenheit, Erhabenheit oder dieser Wert wird in ihrer Kunst unter dem
Begriff KI-IN BEZEICHNET. Ohne diese Qualität muss das Gemälde,
künstlerisch betrachtet und kritisch beurteilt, als gescheitert gelten. Ein
solches Bild mag perfekt sein; in Proportion und Gestaltung, korrekt in der
Pinselstärke und tadellos in der Farbgebung; es könnte den Prinzipien von
IN YO und TEN, CHI, JIN oder Himmel, Erde und Mensch entsprochen haben
; Es mag alle Regeln der Linien, Punkte und Leisten gewissenhaft eingehalten
haben, und wenn doch KI fehlt, ist das Gemälde als wahres Kunstwerk
gescheitert. Was ist dieses subtile Etwas namens KI?

In unseren vielfältigen Lebenserfahrungen haben wir alle edle Männer und
Frauen getroffen, deren schöne und erhebende Charaktere uns von dem
Moment an beeindruckt haben, als wir mit ihnen in Beziehung gebracht
wurden. Die gleiche Qualität, die uns persönlich so beeinflusst, verstehen die
Japaner unter KI in einem Gemälde. Es ist dieses undefinierbare Etwas, das
in jedem großen Werk auf eine Erhöhung des Gefühls und einen Adel der
Seele hinweist. Schon in frühester Zeit haben die großen Kunstschriftsteller
Chinas und Japans erklärt, dass diese Qualität, diese Manifestation des
Geistes weder vermittelt noch erworben werden könne. Es muss angeboren
sein. Es ist sozusagen ein göttlicher Samen, der vom Schöpfer in die Seele
eingepflanzt wurde, um sich dort zu entfalten, auszudehnen und zu erblühen
und seinen verborgenen Aufenthaltsort mit mehr oder weniger Charme zu
testen, je nachdem, welches Leben man verbracht hat, an welchen großen
Prinzipien man festhält und welche Ideale verwirklicht werden. So verstehen
die Japaner KI-IN. Ich denke, es ähnelt dem, was die Römer unter „*divinus*

afflatus" verstanden – diesem göttlichen und lebenswichtigen Atem, dieser Emanation der Seele, die das Werk belebt, veredelt und unsterblich macht. Und es ist ein eindrucksvoller Kommentar zum Künstlerleben in Japan, dass sich viele der großen Künstler der Tosa- und Kano-Schulen in den mittleren Jahren ihres aktiven Lebens aus der Welt zurückzogen, sich die Köpfe rasierten und den Titelrang eines HOGEN ANNAHMEN , HOIN oder HOKYO , wurden buddhistische Priester und traten in Klöster ein, um dort ihre verbleibenden Tage zu verbringen und ihre Zeit zwischen Meditation und inspirierter Arbeit zu verbringen, damit sie im Sterben nicht nur makellose Namen, sondern unvergängliche Denkmäler hinterlassen konnten, die zu Ehren und Ruhm der japanischen Kunst errichtet wurden.

KAPITEL SECHS.
THEMEN FÜR DIE JAPANISCHE MALEREI

(GWA DAI)

Ein japanischer Künstler wird niemals aus eigenem Antrieb eine Blume außerhalb der Saison oder eine Frühlingslandschaft im Herbst malen; die Eignung der Dinge beeinflusst ihn unmerklich. Seit jeher bestimmen bestimmte Prinzipien seine Themenwahl, entweder abhängig von der Jahreszeit oder den Festen, Zeremonien, Unterhaltungen oder anderen Ereignissen, an die er erinnern soll. Alle diese Themen werden GWA GENANNT DAI . Da jemand, der diese Kenntnisse nicht kennt, nicht viel Interessantes über die Kunstbräuche in Japan erkennen kann, wird ein kurzer Hinweis darauf gegeben, beginnend mit den Themen, die für die verschiedenen Monate des Jahres geeignet sind:

Januar – Für den Neujahrstag (SHO GWATSU GWAN JITSU) Lieblingsthemen sind „die über dem Ozean aufgehende Sonne", genannt *Hi No De Ni nami* (Tafel LIV Nr. 1); „Berg Horai " (2), „die Sonne mit Störchen und Schildkröten" (3, 4, 5); oder „ Fukurokuju ", [S. 85] ein Gott des Glücks. Mit diesen Themen sind viele Bedeutungen verbunden. Die Sonne verändert sich nie und der Ozean verändert sich ständig, daher wird „IN YO" symbolisiert. Die Sonne, das Meer und die sie umgebende Luft symbolisieren TEN CHI JIN oder das Universum. Horai (SAN) ist ein Symbol für Japan. Es ist der hohe Berg auf einer sagenumwobenen Insel im fernen Meer, von dem in frühen chinesischen Schriften die Rede ist und der von Weisen bewohnt wird (SEN NIN) und enthält Kiefer, Bambus und Pflaume (in der Kunst als SHO , CHIKU , BAI BEKANNT), wobei die Kiefer für Langlebigkeit, der Bambus für Rechtschaffenheit und die Pflaumenblüte für Duft und Anmut steht. Der Storch und die Schildkröte, deren Rücken mit Algen bedeckt ist, stehen beide für ein langes Leben. Ein altes Sprichwort besagt, dass der Storch tausend und die Schildkröte zehntausend Jahre (Tsuru *) lebt wa* SEN NEIN , *kame wa* MANN NEN). Fukurokuju ist einer der sieben Glücksgötter, dessen Name Glück, Reichtum und langes Leben bedeutet. Am Neujahrstag hängen auf beiden Seiten seines Bildes Bambus- und Pflaumenmotive (Tafel LV , 1, 2, 3). Der Name dieses fröhlichen Gottes wird manchmal glücklich durch ein dreifaches *Kakemono interpretiert* (SAN BUKU TSUI) : Das mittlere ist die Sonne und die Wellen für ein langes Leben (JU) ; auf der rechten Seite Reiskörner, für Reichtum (ROKU), und auf der linken Seite die Blüte der Baumwollpflanze, für Glück (FUKU), weil ihre Blütenkrone golden und ihre Frucht silbrig ist, wobei Gold und Silber Glückseligkeit andeuten (Tafel LVI , 1, 2, 3). Das ergibt eine bezaubernde Kombination. Ein Ausflug in die Bereiche der chinesischen Philologie im Zusammenhang mit dem Namen dieses Glücksgottes würde wunderbare Wortbilder offenbaren. Zurückgeführt auf ihre hieroglyphischen Anfänge bedeutet „FUKU" SEGEN VOM HIMMEL; ROKU , Rang, der durch das Schnitzen gefeiert wird, und (JU) , landwirtschaftliche Tätigkeiten, verbunden mit weißem Haar.

Ein besonders passendes Bild für diese Festzeit ist „Die Kiefer am Tor". (*kado Matsu*). Es erinnert an den Brauch, am ersten Tag des Jahres Kiefern am Eingang japanischer öffentlicher Gebäude und Privathäuser zu pflanzen. An dem Seil *(shimenawa)* (Tafel LV , 4) hängen weiße Papierstreifen *(gohei)* , die die Reinheit der Seele verkörpern; Diese hängen in Gruppen von drei, fünf und sieben, wobei die ungerade oder glückliche Zahlenreihe mit dem positiven oder männlichen Prinzip (YO) von IN YO VERBUNDEN IST . Ein weiteres passendes Motiv für diese frühe Jahreszeit sind Reiskuchen *(Mochi)* in Form der Sonne und des Vollmonds (Tafel LV , 5). Auf dem Bild heißt die Frucht *dai Dai* wird auf die Reiskuchen gelegt. Das Wort DAI bedeutet „Alter" und wird daher mit Langlebigkeit in Verbindung gebracht. Am Fuß des Ständers befindet sich eine Garnele *(Ebi)*. Auch dies deutet auf ein hohes Alter hin, da die Garnele in zwei Teile gebogen ist. Das Blatt des *Yuzuri* wird eingeführt, weil es ein glückverheißendes Wort ist und Nachfolge bedeutet. Das Bild einer Schlachttür und eines Federballs (*Hagoita*) passt auch zum Neujahr, da es an die alte Praxis der Japaner erinnert, sich an diesem Tag diesem Zeitvertreib hinzugeben (Tafel LVI , 4).

im Januar sehr beliebtes Bild für den Alkoven *(Tokonoma)* ist die Schatzkammer , *Takarabune* genannt (Tafel LVI , 5). Als das Schiff in den Hafen einläuft, ist es schwer beladen mit all den verschiedenen Werkzeugen und Utensilien, die für großen Reichtum stehen und in der geräumigen Tasche von Dai Koku, einem japanischen Glücksgott, zu finden sind. Dies sind eine Kugel, ein Hammer, Gewichte, Nelken, Silberbronze sowie der Regenmantel und der Hut des Gottes. Wenn man am Abend des 2. Januar das Gemälde einer Schatzkammer unter das Kissen legt und man entweder von Fujisan, einem Falken oder einer Aubergine träumt, wird man das ganze Jahr über Glück haben. Man erkennt, dass auf dem Segel des Schatzbootes das chinesische Schriftzeichen für TAKARA EINGRAVIERT IST , was „Schatz" bedeutet. Am siebten Tag im Januar findet der erste der fünf Feiertage statt, *Go Sekku genannt* , und es werden Pflanzenmotive gemalt. Diese werden die sieben Gräser (*hotoke za* oder *nana kusa) genannt* und bestehen aus Petersilie, Hirtentäschel, Vogelmiere, Heiligensitz, wilder Rübe und Rettich. Sie lassen sich den meisten künstlerischen Behandlungen unterziehen und oft werden raffinierte, originelle Designs entwickelt (Tafel LVII , 6).

Februar – Der Hahn und die Henne mit dem knospenden Pflaumenzweig sind jetzt passend. Das Thema ist als „Pflaume und Hühner" bekannt. *(ähm ni tori)* (Tafel LVII , 1). Die Hühnerfiguren in der frühesten Geschichte Japans. Wenn der Hahn kräht, hören die Japaner die Worte KOKKA KOO , das, phonetisch in chinesische Schriftzeichen übersetzt, „Glück für unser ganzes Land" bedeutet. Die Chinesen hören anders. Für sie kräht der Hahn TOTEN KO, was bedeutet : „Der östliche Himmel wird rot", und für sie kündigt der Hahn den frühen Morgen an. Berühmte Gemälde von Hühnern stammen aus den Pinseln von Okyo , Tessan (Tafel III) und anderen aus der Maruyama-Schule. Im Februar, dem Monat der Pflaume , zeigen die entsprechenden Gemälde diese Blume und den japanischen Rohrsänger (*ume weder uguisu*) (Tafel LVII , 2). Dieser singende Vogel kündigt mit seinen melodischen Tönen den Frühling an (HOHO KEKYO), das, vom Buddhisten in chinesische Schriftzeichen übersetzt, den Namen des Hauptbuchs der achtzehn Bände von Shaka mit dem Titel „Das wunderbare Gesetz des Lotus" gibt. Ein weiteres Bild, das für den Februar geeignet ist, heißt „Der letzte Schnee". (*zan setsu*) (Tafel LVII , 3).

März – Dieser Monat ist mit der Pfirsichblüte und *dem Kakemono* der Gärten mit Pfirsichbäumen, genannt *Momo Nr.* , *verbunden* IN (Platte LVII , 4), sind dafür. Toba Saku soll achttausend Jahre lang gelebt haben und sich von der Frucht des Pfirsichs ernährt haben; Daher ist die Pfirsichblüte ein Symbol für Langlebigkeit, und aus der Frucht hergestellter *Sake* wird im März in ganz Japan getrunken. EINE der berühmtesten Prosaschriften der chinesischen Literatur ist RANTEI KIOKA SUI . Es erinnert an einen Zeitvertreib der Gelehrten, der „ *Sake-* Becher" genannt wird. Eine beliebte Art, dieses Thema zu interpretieren, besteht darin, einen Garten mit blühenden Pfirsichbäumen und ausgedehnten Bananenpalmen zu malen, der an einen fließenden Bach grenzt, wobei ein Adliger an einem Pfirsichzweig ein schmales Papier (Tanjaku) befestigt, auf dem er ein GEDICHT GESCHRIEBEN HAT . Eine weitere berühmte chinesische Prosakomposition, „Das Pfirsich- und Aprikosengartenfest", geschrieben von Ri Tai Haku im Alter von vierzehn Jahren, wird so interpretiert, dass sie Toba Saku in einem Garten darstellt, der vor einem Tisch sitzt und von drei chinesischen Schönheiten bedient wird Berühmte Gelehrte und Weise kreisen zwischen Blumen und Blüten. Fünf Hauptfeste des Jahres, bekannt als *go sekku* , finden jeweils am siebten Tag im Januar, am dritten Tag im März, am fünften Tag im Mai, am siebten Tag im Juli und am neunten Tag im September statt – alle zufällig Tage der ungeraden Monate (das YO von IN YO). Am dritten Tag des dritten Monats findet das *Hina- Matsuri* -Fest für junge Mädchen statt, und das zu diesem Anlass passende Gemälde heißt *Kami Bina* , was „Papierpuppen" bedeutet (Tafel LVII , 5). Die größten japanischen Künstler der Vergangenheit haben dieses Thema hervorragend behandelt. Wenn ein weibliches Kind geboren wird, wird der Familie ein *Kami- Bina* -Gemälde überreicht, um einen Beitrag zu den Feierlichkeiten zu leisten. Der Monat März ist der Monat der Kirschblüte (*Sakura*) . *bana*) und das Bild auf Tafel LVIII, 1, veranschaulicht eine Methode zum Malen von Kirschbäumen, die den Berghang einer Schlucht schmücken, durch die ein Fluss fließt. Im März finden bei Ebbe Picknickpartys am Strand statt, um Muscheln zu sammeln. Das auf Tafel LVIII , 2 dargestellte Thema mit der Bezeichnung „Ebbe" (*shio hi)* ist passend. Das Bild der Jungfrau Saohime (Tafel LVIII , 3) wird ebenfalls im März gemalt.

April – Die Glyzinienblüte *(Juji)* wird mit dem vierten Monat in Verbindung gebracht und alle Aprillandschaften stellen Bäume dar, die mit viel Laub bedeckt sind. Ein kleiner Vogel namens *Sudachi dori ,* die in diesem Monat geschlüpft ist, wird oft auf den Zweig der Glyzinie gemalt (Tafel LVIII , 4). Das Bild verdeutlicht die elterliche Zuneigung aufgrund der bekannten Fürsorge der Vogelmutter für ihre Jungen.

Mai – Für den Mai gibt es viele passende Themen. Die Iris *(Shobu)* (Tafel LVIII , 5) erscheint nun. Ihre langblättrigen Blätter sind schwertförmig , daher symbolisiert die Pflanze den Kriegergeist *(Bushi).* Die Iris wird oft auf dem Dach eines Hauses gepflanzt, um anzuzeigen, dass es männliche Kinder in der Familie gibt. Der Kuckuck und das Mondthema *(Tsuki weder hototogisu* (Tafel LVIII , 6) ist für diesen Monat etwas Besonderes. Der fünfte Mai ist das Jungenfest, und der Karpfen *(Koi)* (Tafel LIX , 1) ist das Lieblingsmotiv der Malerei. Der Mai ist der regnerischste Monat in Japan. Es wird berichtet, dass in diesem Monat ein Karpfen die Spitze des Wasserfalls RYU BESTIEG MEIN in China und wurde ein Drache. Der Karpfen symbolisiert somit den Triumph der Beharrlichkeit – das Überwinden von Hindernissen – und symbolisiert den militärischen Geist. Wenn dieser Fisch gefangen wird und lebendig für *Sasshimi , eine japanische Delikatesse,* zerschnitten werden soll , verharrt der *Koi ,* sobald der Schnitzer die flache Seite der Messerklinge über den Körper des Fisches geführt hat, bewegungslos und lässt sich mit heldenhafter Tapferkeit zerschneiden zum Rückgrat. In einer Schüssel serviert und mit ein paar Tropfen *Soja* ins Auge springt es in einem letzten Kampf nach oben, um in viele Stücke zu zerfallen. Wenn ein männliches Kind geboren wird, ist ein Karpfen- *Kakemono ein passendes Geschenk für die Familie.* Der fünfte Tag des fünften Monats ist der Jahrestag des großen Sieges der Japaner über Kublai Khan, der im 13. Jahrhundert mit einer riesigen Flotte chinesischer Schiffe versuchte, in Japan einzumarschieren.

Juni – In diesem warmen Monat ist der GWA DAI oder Bildthema sind Wasserfälle (Tafel LIX , 2), obwohl es aufgrund der Sommerhitze durchaus zulässig ist, durch das Malen von Schneeszenen mit Krähen (SETCHU) KÜHLE GEFÜHLE ZU VERMITTELN *weder karasu)* für einen Farbkontrast (Tafel LIX , 3). Alle im Juni gemalten Bilder sollen schattige, erfrischende Eindrücke vermitteln. Ein bezauberndes und beliebtes Motiv ist das Wasser, das durch ein offenes Bambusrohr fließt und inmitten üppiger Vegetation in ein darunter liegendes Becken fällt, in dem ein kleiner Vogel badet. Dieses Bild ist technisch als *Kakehi bekannt* (Tafel LIX , 4).

Juli – In diesem Monat ist unter den Blumenthemen das der sieben Gräser des Herbstes *(aki no nana kusa)* (Tafel LIX , 6) geeignet, bestehend aus dem Buschklee, der wilden Rose, der Prunkwinde usw. Dies ist aufgrund der äußersten Fingerfertigkeit, die bei der Handhabung des Pinsels erforderlich ist, am schwierigsten zu malen, aber ein geschickter Künstler kann höchst interessante Effekte erzielen. Auf dem Bild sind allerlei wunderbar geformte Insekten sowie Vögel mit leuchtendem Gefieder erlaubt. Der siebte Tag im Juli ist als Fest der Sterne bekannt und *Kengyu* , der Verehrer, und *Orihime* , die Jungfrau, werden gemalt. Der Juli ist ein Monat, der buddhistischen Zeremonien gewidmet ist. Dargestellt sind Heilige, Weise, die fünfhundert Rakkan- Schüler von Shaka und die sechzehn Rakkans . Es gibt zwei weitere geeignete Themen, bekannt als *Tanabata* (Tafel LIX , 5) und *Nazunauchi* (Tafel LXIV , 4).

August – Das erste Korn des Jahres wird nun den Göttern geopfert. Eine bezaubernde Art, daran zu erinnern, ist das Gemälde „Gestapelter Reis und Spatzen" *(Inamura) . weder suzume)* (Tafel LX , 1). Der Hase und der Mond, genannt *Tsuki weder Usagi* (Tafel LX , 2), weil das Kaninchen im Mond zu sehen ist, wie es Reiskuchen backt, und das als *Meggetsu bekannte Bild* (Tafel LX , 3) erinnern ebenfalls an die Darbringung der Produkte des Bodens an die Mondgottheit. Da im August reichlich Nebel herrscht, werden halb im Nebel verborgene Landschaften gemalt. Der Kano-Künstler Tanyu lehnte sich stark an solche Szenen an, die die Ruhe des Abends suggerieren. Solche Motive werden als Nebelschauer *(Ugiri) bezeichnet* (Tafel LX , 4). Die Japaner haben ihre Frau im Mond, namens Joga . Dieses schöne Geschöpf soll, nachdem es sich die Ambrosia der Einsiedler *(Sennin) beschafft und davon getrunken hatte* , diesen Planeten betreten haben. Das Bild ist faszinierend (Tafel LX , 6), der obere Teil von Jogas Körper befindet sich in der Mondscheibe und der untere Teil in Schäfchenwolken.

September – Der neunte Tag des neunten Monats ist das Fest der Chrysantheme (KIKU NO SEKKU), bei dem aus der Chrysantheme hergestellter *Sake* getrunken wird. Kiku Jido , ein kleiner Jugendlicher, der versehentlich mit dem Fuß das Kissen des Kaisers berührt hatte, wurde auf eine ferne Insel verbannt, wo er sich angeblich vom Tau der Chrysantheme ernährte, die dort reichlich vorhanden war. Als Einsiedler lebte er tausend Jahre. Saisonale Bilder für diesen Monat erinnern an dieses Ereignis oder reproduzieren die gelb-weiße Chrysantheme. (Tafel LXI , 1). Passend zum September sind Wassergras und die Libelle *(Mizukusa) . weder Tombo)* (Tafel LXI , 5). Tatsuta hime (Tafel LXI , 2) ist ebenfalls bemalt. Sie ist die Herbstgottheit, die mit den leuchtenden, warmen und strahlenden Farben der Herbstsaison in Verbindung gebracht wird und immer in wunderschönen

Farbtönen dargestellt wird. Bilder des Hirsches und der frühen Ahornbäume (*hatsu Momiji weder shika*) (Tafel LXI , 3) sind nun angebracht. Ein beliebtes Herbstbild heißt *Kinuta Uchi oder* das Schlagen selbstgesponnener Baumwolle auf einen Block, um ihm Glanz zu verleihen . Eine arme Bäuerin und ihr Kind sind beide unter den Strahlen des Vollmonds mit dieser Aufgabe beschäftigt (Tafel LXIV , 4). Das Geräusch der Schläge auf den Block soll traurige Gefühle suggerieren. Es ist ein Gesetz für die Malerei solcher Mondlichtszenen, dass keine rote Farbe eingeführt werden darf, da Rot im Mondlicht nicht sichtbar ist (GEKKA *NEIN* KO SHOKU *Nashi).*

Fujiyama aus Tago no Ura von Yamamoto Baietsu . Tafel VIII.

Oktober – In diesem Monat sind Gänse, die aus den kalten Regionen kommen und nachts das Gesicht des Mondes überqueren, ein beliebtes Motiv, bekannt als *Tsuki weder* GAN (Platte LXI , 4). Weitere Themen sind „Herbstfrüchte" (*aki no mi)* (Tafel LXI , 5), Kastanien, Kakis, Weintrauben und Pilze; Affen und Kakis (*Saru noch Khaki)* (Platte LXI , 6); Eichhörnchen und Weintrauben (RISU *weder* BUDO) (Tafel LXII , 1); und die immergrüne Kiefer (*kayenu matsu*), was auf Beständigkeit hindeutet (Tafel LXII , 2)

November – Ein Monat, der Evesco , einem der fröhlichen Glücksgötter, heilig ist (Tafel LXII , 3). Er war der erste Händler, sein Bestand war der TAI- Fisch. Er ist der Lieblingsgott der Kaufleute, die in diesem Monat sein Fest feiern. Evesama wird normalerweise mit einem TAI unter dem Arm dargestellt, wie er vom Angeln zurückkehrt. Die Kano-Künstler bevorzugten dieses Thema besonders. Ein weiteres bezauberndes Bild, bekannt als „Die letzte Chrysantheme" (ZAN KIKU) (Tafel LXII , 4) deutet auf das nahende Jahresende hin. Die klassische Art, dieses Thema darzustellen, sind kleine gelbe Chrysanthemen, die an einem ausladenden Bambuszaun hängen und deren Blätter sich bereits purpurrot zu verfärben beginnen. Ein weiteres Novemberbild ist „Der erste Schnee" (*hatsu yuki*) (Tafel LXII , 5). Zwei Welpen tummeln sich im Schnee, der zum ersten Mal fällt. Man sagt, dass kein Tier sich so freut wie der Hund, wenn es den ersten Schneefall des Winters sieht. Schnee, sagt ein Sprichwort, ist die Großmutter des Hundes (*Yuki) . wa inu no obasan*). Okyo und Hokusai haben dieses Thema häufig gemalt. *Hatsu Yuki* wird manchmal durch ein wenig Schnee auf der Kiefer oder dem Bambus in einer Landschaft dargestellt. Dadurch entsteht eine sehr einsame (*Samushii*) -Szene. Die Künstler aus Kyoto malen mit großer Vorliebe im November das Thema eines Bauernmädchens, das aus dem Bergdorf Ohara herabsteigt und auf dem Kopf ein Bündel Brennholzzweige trägt, in das sie kokett einen Zweig roter Ahornblätter gesteckt hat. Dieses Bild heißt *Oharame* (Tafel LXII , 6). Landschaften, die unruhige Regenschauer darstellen, passen zum November und werden *Shigure genannt* . Dies ist der Monat für die *Oshi dori* (Tafel LXIII , 1). Diese Mandarinenenten, Männchen und Weibchen, sind aufgrund des Kontrasts in Form und Gefieder ein sehr auffälliges und beliebtes Bild. Ihre Hingabe zueinander ist so groß, dass sie sterben, wenn sie getrennt werden. Daher symbolisieren solche Gemälde nicht nur die eheliche Treue, sondern eignen sich auch als Hochzeitsgeschenk. Es gibt zwei weitere Arten von Vögeln, die im November gemalt werden: Die Strandvögel, bekannt als *Chi Dori* (Tafel LXIII, 2), und die Wildente, die über das Sumpfgras fliegt *(Kamo) . weder ashi*) (Platte LXIII, 3). Okyo und die Künstler seiner Schule zeichnen sich durch ihre lebendige Behandlung dieser letzten drei Themen aus.

Dezember – Die Kaltwetterchrysantheme (KAN KIKU), die Narzisse oder der Einsiedler des Baches (SUI SEN) und der Schneeschutz aus Reisstroh (*yuki) . kakoi)* (Tafel LXIII, 4) sind drei Favoriten für Dezember. In diesem letzten schönen Motiv drängen sich die weißen Chrysanthemen unter dem schützenden Schneeschutz aus Reisstroh, eine oder zwei der Blumen lugen hervor, ihre Blätter sind am Rand rötlich und innen hellgrün. Die Narzisse wird im Dezember häufig gefärbt. Es gibt viele Möglichkeiten und Gesetze, diese Blume zu malen. Ein weiteres Winterthema heißt *Joji* BUCHT, bestehend aus dem Pflaumenbaum mit Schnee auf den Zweigen und darauf sitzenden kleinen Vögeln. Künstler aus Kyoto schätzen es sehr. Dezemberlandschaften bestehen ausschließlich aus Schneeszenen (*Yuki Nr* SAN SUI) (Tafel LXIII, 5) und die Art und Weise, wie sie behandelt werden, ist zahllos. Ein weiteres Thema ist *Nukume dori* – ein Falke, der auf einem mit Schnee bedeckten Baum sitzt und in seinen Klauen einen kleinen Vogel hält (Tafel LXIV , 3). Der Falke zerreißt sein Opfer nicht, sondern wärmt damit lediglich seine eigenen Füße; Nachdem dies geschehen ist, lässt es seinen Gefangenen entkommen und verzichtet vierundzwanzig Stunden lang darauf, in die Richtung zu fliegen, in die der kleine Vogel geflohen ist. *Adel verpflichtet.*

Der Schneemann oder Schneedaruma *(Yuki Daruma)* (Tafel LXIII, 6) wird diesen Monat von Künstlern aller Schulen gemalt.

Die vier Jahreszeiten (SHI KI) bilden eine Serie, die sich durch die vielfältigste und fesselndste Behandlung und Darstellung auszeichnet. Die Jahreszeiten werden manchmal durch Blumen, gelegentlich durch Vögel, wieder durch Produkte der Erde und oft durch Landschaften symbolisiert.

Manchmal werden zu diesem Zweck menschliche Figuren verwendet. Im Frühling *(haru) kann* eine junge Tochter *(musume)* dargestellt werden, wie sie die Kirschblüten betrachtet (Tafel LXV, 1); im Sommer *(Natsu)* überquert sie eine Brücke oder genießt die Kühle am Flussufer (Tafel LXV, 2); im Herbst *(aki)* sieht man sie auf den Feldern, wahrscheinlich beim Sammeln von Pilzen (Tafel LXV, 3), und im Winter *(fuyu) sitzt* sie drinnen und spielt ein Musikinstrument (Tafel LXV, 4). Während das andere *Kakemono* immer im *Tokonoma* oder in der Nische entsprechend der Jahreszeiten, Zeremonien oder Feste gewechselt werden muss, gibt es bestimmte Bilder, die zu jeder Jahreszeit passen, *z. B.* Felsen und Wellen (*iwa weder nami);* Kiefer und Bambus *(Matsu Take);* oder das Okyo-Doppelsubjekt namens *Shikuzu weder Fuku Tsui* (Anhängergemälde): Das Ende des Frühlings, eine Krähe und der Pflaumenbaum (Tafel LXIV, 1); das Ende des Herbstes, der Vogel *Hyo Dori* und der Kakibaum (Tafel LXIV, 2). Der Grund dafür ist, dass alle diese Themen das ganze Jahr über im Einklang mit den Bedingungen sind.

Historische Themen (REKISHI GWA DAI), DIE FÜR DIE JAPANISCHE MALEREI GEEIGNET sind , sind äußerst zahlreich und in Kategorien unterteilt, die den folgenden Epochen entsprechen: Das Nara-, das Heian- oder Kyoto-Shogunat, das Kamakura-Yoritomo-Shogunat, das Higashiyama-Shogunat, das Yoshimasa-Shogunat, das Momoyama- oder Taiko- Hideyoshi und das Das Tokugawa- Iyeyasu- Shogunat wurde auf die heutige Meiji-Zeit zurückgeführt. Diese bieten mit ihren zahlreichen Unterteilungen eine unendliche Zahl von Sujets für die bildliche Bearbeitung. Besondere Favoriten sind „ Benkei und Yoshitsune an der Go-Jo-Brücke" oder „Durchquerung der Hakone-Barriere" und „ Kusanoki ". Masashige in Minatogawa ."

Als Shaka geboren wurde , stand er aufrecht, eine buddhistische Hand nach oben und die andere nach unten gerichtet, und rief: „Siehe, zwischen Himmel und Erde bin ich die kostbarste Schöpfung." Sein Geburtstag ist Gegenstand des Bildes (Tafel LXVI, 3) mit dem Titel KAN ABER JA. Es stellt den Buddha als Bronzestatue dar, die in einer Wanne mit süßer Flüssigkeit errichtet wurde. Die gläubigen Gläubigen gießen ihn über seinen Kopf und trinken ihn anschließend als Glücksbringer. An Shakas Tod erinnert das Bild NEHAN , Nirwana. Der Herr Buddha liegt auf einer Bahre und stirbt leise, ein engelhaftes Lächeln erhellt sein Gesicht, während um ihn herum seine Schüler Rakkan und Bosatsu sowie die verschiedenen Tiere der Schöpfung versammelt sind und alle weinen. Eine Ratte, die Mayabunin , die Mutter Buddhas, rufen wollte , wurde von einer Katze angegriffen und in Stücke gerissen. Aus diesem Grund ist in den Gemälden dieser bewegenden Szene von Shakas Tod keine Katze unter den trauernden Tieren zu finden. Der Künstler Cho Densu hingegen hat in seinem großen Gemälde von NEHAN (noch heute im Tempel To Fuku Ji in Kyoto) stellt das Porträt einer Katze vor. Es wird berichtet, dass, während Cho Densu malte, die Katze täglich an seine Seite kam und ihn ständig miaute und seinem Kummer Ausdruck verlieh, ohne ihn zu verlassen. Schließlich malte Cho Densu aus Mitleid die Katze ins Bild und daraufhin fiel das Tier aus Freude tot um.

Der Lotus (*hasu*) symbolisiert das Herz eines Heiligen (*hotoke*). Es erhebt sich unbefleckt aus dem Schlamm des Teiches und kann auch nicht durch irgendwelche Unreinheiten befleckt werden; die Blätter werfen stets alles ab, was auf sie fällt. Es wird normalerweise als religiöses Motiv gemalt.

Die wichtigsten *Matsuri*- oder Shinto-Feste finden zu verschiedenen Jahreszeiten in verschiedenen Teilen des Reiches statt. Die meisten davon nehmen jedoch die Sommermonate in Anspruch. Das *Kamo no aoi matsuri* findet in Kyoto statt und besteht aus einer Prozession, einem NO- Dance und einem Pferderennen. Das passende Bild für dieses Festival ist „die *Kamo*-Rennstrecke". (*Kamo no kei ba*). Das *Matsuri* in Nikko ist eine große Prozession, bei der drei *Mikoshi* oder Schreine auf den Schultern einer Vielzahl von Männern getragen werden. Es gibt drei Nikko *Matsuri* , die mit dem Tokugawa-Shogunat verbunden sind.

Da Inari der Gott des Ackerbaus (*ine* , Reis) ist, ist das Bild eines Fuchses (Tafel LXVI , 4), des Boten dieses Gottes, angemessen. Ein weiteres Fest, das GYON *Matsuri* in Kyoto wird mit einer großen Prozession gefeiert, bei der allerlei lustige Umzugswagen und alle möglichen lustigen Übungen stattfinden. Diese werden in Gedenkgemälden unterschiedlich reproduziert.

(HOKKU und *Uta*) und die berühmten Romanzen (*Monogatari*) Japans bieten . Es wurde genug gesagt, um zu zeigen, dass der japanische Künstler über eine unbegrenzte Auswahl an klassischen Sujets verfügt.

Andere Themen, die nicht mit einer bestimmten Jahreszeit in Zusammenhang stehen, stellen *beispielsweise* verschiedene Utensilien der

Teezeremonie *(cha no yu)* (<u>Tafel LXVI</u> , 1) dar, wenn *Macha* , ein eingedickter
Tee, verwendet wird. Die Teezeremonie (<u>Tafel II</u>) wird in einem kleinen
Raum durchgeführt, der mit viereinhalb Matten ausgestattet ist. Wären die
Matten nur vier (SHI) , WÜRDEN SIE AUF DEN TOD *(shi)* hinweisen .
Darüber hinaus wird eine gerade Zahl, die als negativ (IN) BETRACHTET
WIRD, nicht bevorzugt. Matten haben eine Größe von 90 x 180 cm und
müssen immer so hässlich sein, dass sie keine Kreuze bilden, was unglücklich
ist. In der Nische dieses Raumes ist kein *Kakemono* erlaubt, sondern nur eines
im rein japanischen Stil. Das Thema des Gemäldes hängt von der Jahreszeit
ab, wobei alle roten Farben verboten sind und *Sumi-* Bilder der Kano-Schule
am besten geeignet sind. Die Behandlung muss einfach sein (TAN PAKU) ;
zum Beispiel ein einzelner Blütenzweig, ein Pflaumenzweig, ein Einsiedler
oder ein einsamer Berggipfel. Bei der Zeremonie des SEN CHA (<u>Tafel LXVI</u>
, 2), der chinesischen Art der Teezubereitung, werden diese strengen Regeln
des *Cha No Yu* gelockert.

KAPITEL SIEBEN.
UNTERSCHRIFTEN UND SIEGEL

Es gibt viele Bücher zum Thema Signieren und Beglaubigen eines Gemäldes. Zwei bekannte Werke sind „ GWA JO YO RYAKU “ und „DAI GA SHI SAN“. In China fügen Literaten ihren Gemälden oft beschreibende Elemente hinzu und schreiben an prominenter Stelle darauf: „Letzte Nacht habe ich in einem Traum die Szene gesehen, die ich hier wiederzugeben versuche“ oder „Auf einem Bootsausflug sahen wir diese Kiefer, die die Ufer des Flusses beschattete.“ .“ Solche Ergänzungen zum Bild ermöglichen es dem Künstler, sein Können als erfahrener Schriftsteller unter Beweis zu stellen, und sollen die Gesamtwirkung verstärken. Oft wird die Prosa durch originelle Poesie ersetzt. Das Jahr, der Monat und der Tag werden hinzugefügt, gefolgt von der Unterschrift des Autors und einer selbstironischen Bezeichnung wie „Fischer der Nordsee“. „Bergholzhacker“ oder „Einsiedler, der inmitten von Wolken und Felsen wohnt“. Eine solche Signatur mit einem oder mehreren über die Vorderseite des Werkes verteilten Siegeln wird in der Kunst RAKKWAN GENANNT , WAS „vollendet“ bedeutet .

In Japan herrscht eine etwas andere Art des Gebärdens vor. Die Unterschrift des Künstlers mit seinem Siegel darunter ist dem Gemälde beigefügt, nicht an einer auffälligen, sondern an einer am wenigsten hervortretenden Stelle.

Maler der Tosa- , Fujiwara-, Sumiyoshi- und Kasuga- Schulen schrieben beim Signieren ihrer Arbeiten zunächst über ihre Unterschriften ihr Amt und ihren Rang, z. Unemi no Kami oder Shikibu Gondai no Kami in den quadratischen oder runden chinesischen Schriftzeichen.

Die Kano-Künstler unterzeichneten ihre Namen mit runden Buchstaben (GYO SHO) und fügten nicht ihren weltlichen Rang oder Amt hinzu, sondern schrieben vor ihre Unterschriften ihre buddhistischen Titel; also HOGAN Motonobu , HO KYO Naganobu , HOIN Tsunenobu . In der Maruyama-Zeit wurden alle Titel und Ränge weggelassen und lediglich der Name (Namae) oder der *Nom de Plume verwendet* (GO) wurde geschrieben – also Okyo , Goshun , Tessan , Bun Cho – wobei jedoch streng darauf geachtet wurde, die chinesischen Schriftzeichen für solche Signaturen sowohl auf künstlerische als auch auf auffällig attraktive Weise auszuführen, unabhängig davon, ob sie in der einen oder anderen Schreibweise geschrieben sind Drei übliche Formen, technisch gesehen SHIN, ALSO GYO .

Das Datum „ NEN GO“ vor der Unterschrift auf einem Gemälde wird oft durch die Verwendung eines der zwölf Stundenzeichen (JU WEDER SHI) zusammen mit einem der zehn Kalenderzeichen (JU RAN). Diese umfassen in geordneter Anordnung einen Zyklus von sechzig Jahren; mit anderen Worten, sie sind nie auf die gleiche Weise verbunden oder fallen nur einmal in diesem Zeitraum zusammen. Kein Künstler unter sechzig sollte bei der Signierung seines Werkes auf sein Alter hinweisen, geschweige denn seine Jahre angeben. Für ihn ist die Fähigkeit, siebenundsiebzig vor seinem Namen zu schreiben, äußerst günstig – eine Art, *Kotobuki*, das glücklichste Wort auf Japanisch, zu schreiben, besteht darin, zwei Siebenen zu verwenden, die, so zusammengesetzt, das SO- SHO- Zeichen für dieses Wort sein sollen . Sehr jungen Menschen ist es gestattet, ihre Gemälde oder Schriften zu signieren und ihr genaues Alter bis zu dreizehn Jahren anzugeben.

Wo chinesische Literaturkünstler ihren Gemälden Gedichte hinzufügen, sind darauf bis zu acht Siegel zu sehen. In japanischen Gemälden werden nie mehr als zwei Siegel verwendet, die der Signatur folgen und diese authentifizieren.

Der richtige Abstand, in dem ein *Kakemono* betrachtet werden muss, ist die Breite einer Matte *(Tatami)* von der Nische, in der das Bild aufgehängt ist. Es sieht schlecht aus, wenn man es im Stehen betrachtet. Vor der kritischen Prüfung des Werkes stimmt ein Japaner mit der Unterschrift und dem Siegel des Künstlers überein. In Japan ist es eine Grundregel, dass die Unterschrift so angebracht werden muss, dass sie das Bildschema nicht stört oder die Aufmerksamkeit auf sich zieht. Wenn das Bild nach rechts zeigt, sollten Unterschrift und Siegel links angebracht werden und *umgekehrt;* Liegt das Hauptinteresse im oberen Teil eines Bildes, sollten diese weiter unten platziert werden und *umgekehrt.* Da jedes Gemälde seine Unterteilung in „ IN" und „ YO" HAT, WIRD der RAKKWAN in „in" platziert . Manche Künstler überdecken ihre Unterschrift teilweise mit ihrem Siegelabdruck. Künstlerinnen fügen ihren Signaturen das Zeichen „ JO" HINZU , was „Frau" bedeutet. Erfahrene Maler schreiben manchmal vor ihre Unterschrift das Zeichen für „Alter Mann" *(okina).*

Das Siegel des Künstlers ist oft ein Kunstwerk und sein Familienname (MYOJI) oder sein Künstlername (GO) sind normalerweise mit den chinesischen Siegelzeichen namens TEN SHO DARAUF eingraviert . Wenn unter der Unterschrift zwei Siegel angebracht sind, kann eines einen klassischen Aphorismus enthalten, wie „TAI BI FU GEN" (das wirklich Schöne ist unbeschreiblich) oder „ CHU YO " (den mittleren Weg einhalten). Bevor Siegel verwendet wurden, wurden Schriften durch Schriftrollen namens *Kaki* authentifiziert HAN . Auch heute noch werden solche Schriftrollen verwendet. Die Prinzipien, nach denen sie geformt sind, stammen aus der astrologischen Überlieferung (EKI). Siegelgraveure genießen zu Recht einen guten Ruf für ihre Gelehrsamkeit und ihr Können. Ein Siegel zu schnitzen ist die anerkannte Leistung eines Gentlemans, und der berühmteste lebende Siegelstecher Japans ist ein Amateur. Siegel bestehen aus Jade, Bergkristall, Edelhölzern, Formosa-Bambuswurzel, Gold,

Silber oder Elfenbein. Der beste Hartstein für Robben stammt aus China und ist als Hahnenkamm (KEI) BEKANNT KETSU SEKI).

Ein Künstler sammelt im Laufe seiner Karriere zahlreiche wertvolle Siegel für den eigenen Gebrauch. Diese können bei seinem Tod seinen Lieblingsschülern geschenkt oder als Hausschatz aufbewahrt werden. Bairei hinterließ die Anweisung, viele seiner Siegel zerstören zu lassen.

Die Siegelpaste (NIKU) besteht aus drei Jahre lang getrocknetem Diana-Unkraut *(Mogusa) oder aus einer Pflanze namens Yomogi oder aus weichen, fein gehackten Kaninchenhaaren* , die hundert Stunden lang in Rizinusöl mit weißem Wachs gekocht und dann rot gefärbt wurden. Braun, Blau oder Teefarbe. Die Versiegelung sollte nach Gebrauch sorgfältig abgewischt werden, da die Paste sonst aushärtet.

Japanische Gemälde werden selten gerahmt, da die Rahmen zu viel Platz beanspruchen. Rahmen werden hauptsächlich für chinesische Schriften verwendet, hoch an öffentlichen Orten oder in der Wohnung aufgehängt und werden GAKU GENANNT , WAS „Stirn" bedeutet , in Anspielung darauf, den Kopf zu heben, um zu lesen, was der Rahmen enthält. Es gehört zur Etikette, dass solche gerahmten Schriften mit dem richtigen Namen und nicht mit dem *Pseudonym unterzeichnet werden.*

Am Rahmen sind zwei Arten von Siegeln angebracht: Eines befindet sich rechts am Anfang der Schrift und heißt „ YU HEREIN" UND enthält einen Grundsatz oder eine Maxime; und ein oder zwei links nach der Unterschrift mit dem Namen des Künstlers und einer anderen geeigneten Bezeichnung. Alle Schriften in chinesischer oder japanischer Sprache werden von rechts nach links gelesen und sind häufig die einzige Verzierung eines Bildschirmpaares.

Als Orientierungshilfe für Experten, die die Echtheit japanischer Gemälde weitergeben, gibt es eine bekannte Veröffentlichung, „ GWA KA RAKKWAN IN SHIN " von Kano Jushin , die Reproduktionen der Unterschriften und Siegel aller berühmten Künstler Japans im Faksimile enthält die ferne und jüngste Vergangenheit.

Zum Abschluss dieser Arbeit, von der ich mir bewusst bin, dass sie nur ein unvollkommener Überblick über ein umfangreiches und komplexes Thema ist, möchte ich die Aufmerksamkeit auf die Tatsache lenken, dass sowohl in Europa als auch in Amerika ein wunderbares Erwachen zur Würde, Einfachheit und Schönheit der japanischen Kunst stattfindet. Dies ist größtenteils auf die sorgfältigen und wissenschaftlichen Schriften und Veröffentlichungen der Herren zurückzuführen. Anderson, Binyon , Morrison und Strange in England, Fenollosa in den Vereinigten Staaten , DeGoncourt , Gonse und Bing in Frankreich, Seidlitz in Deutschland und

Brinkley und Okakura in Japan; und alle Kunststudenten müssen ihnen die Ehrerbietung ihrer aufrichtigen Bewunderung erweisen.

Das Ziel aller Kunst besteht, wie Cicero wahrhaftig gesagt hat, darin, die Manieren zu mildern, indem Herz und Verstand zu richtigen Gedanken und würdigen Gefühlen erzogen werden. Zu diesem Zweck wird nichts sicherer beitragen als ein sorgfältiges Studium der japanischen Malkunst, und je weiter wir ihre Prinzipien erforschen und schätzen, desto mehr werden wir die Stunden vervielfachen, die die Sonnenuhr registriert – die heiteren und fröhlichen Momente des Daseins .

ERKLÄRUNG DER STIRNBÄNDER

GESTALTUNG DER TITELSEITE. Schmetterlinge und Vögel, bekannt als *Cho Tori* .

KAPITEL EINS . Die Blüte und die Blätter der Pfingstrose (BOTAN), wie sie auf antiken Rüstungen (*Yoroi*) konventionalisiert wurden.

KAPITEL ZWEI . Fächerförmige Blätter des *Icho* oder GIN NAN (*Salisburiana*), die in China und Japan in Bücher gelegt werden, um die Verwüstung des Bücherwurms zu verhindern.

KAPITEL DREI . Das Design mit dem Titel „Tau auf dem Gras und Schmetterlinge" (*tsuyu* , *kusa ni cho*).

KAPITEL OFEN . Das Muster (*Moyo*), bekannt als Bambus, und der anschwellende Spatz (*Nehmen Sie Nifukura)* . *Susum*). Die Teile des Vogels sind auf amüsante Weise konventionalisiert – in Korin- Manier. Das auf Chinesisch geschriebene Wort FUKURA enthält das Glückszeichen FUKU (Glück).

KAPITEL FÜNF . Ahornblätter werden mit Ten Jin (Sugiwara) in Verbindung gebracht Michizane), Förderer des Lernens. Kinder, die ihn in einem kleinen Gebet um Hilfe bitten, zählen die Spitzen des Ahornblatts und sagen: „ *Yoku.* " *Du agaru* – hilf uns, klug zu sein. Auf Japanisch heißt das Ahornblatt *kaide* , was „Froschhand" bedeutet.

KAPITEL SECHS . Das Chrysanthemenmuster .

KAPITEL SIEBEN . Das Wasservogel-Design, *Midsu Tori genannt* .

Tafeln mit Erläuterungen zum vorangehenden Text zu den Gesetzen der japanischen Malerei

Die acht Arten des Malens in Farbe, die sogenannten Farbgesetze [3]

Sorgfältigste Methode zum Auftragen von Farbe. Tafel VIII.

Die nächstbeste Methode. Platte X.

Die helle Aquarellmethode. Tafel XI.

Farbe mit unterdrückten Umrissen. Tafel XII.

Farbe über Linien. Tafel XIII.

Hellrotbraune Methode. Tafel XIV.

Das weiße Muster. Tafel XV.

Die Black- oder Sumi-Methode. Tafel XVI.

Landschaften, Vögel, Bäume und Bäche

Die Proportionsregel in Landschaften. Tafel XVII.

Himmel, Erde, Mensch. Tafel XVIII.

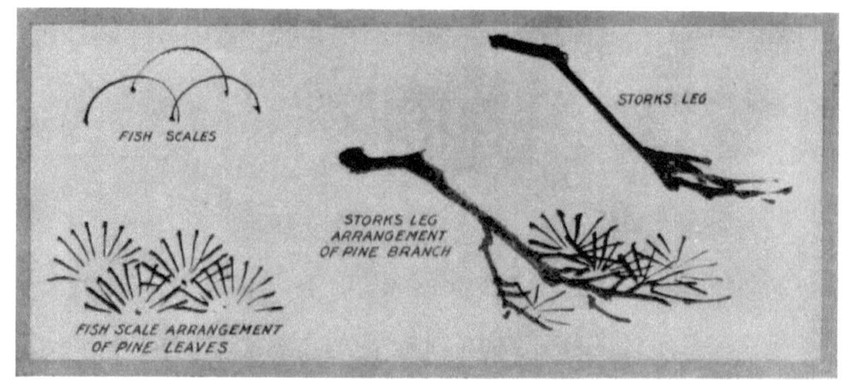

Kiefernzweige. Tafel XIX.

Gewundene Bäche. Platte XX.

Ein Baum und seine Teile. Tafel XXI.

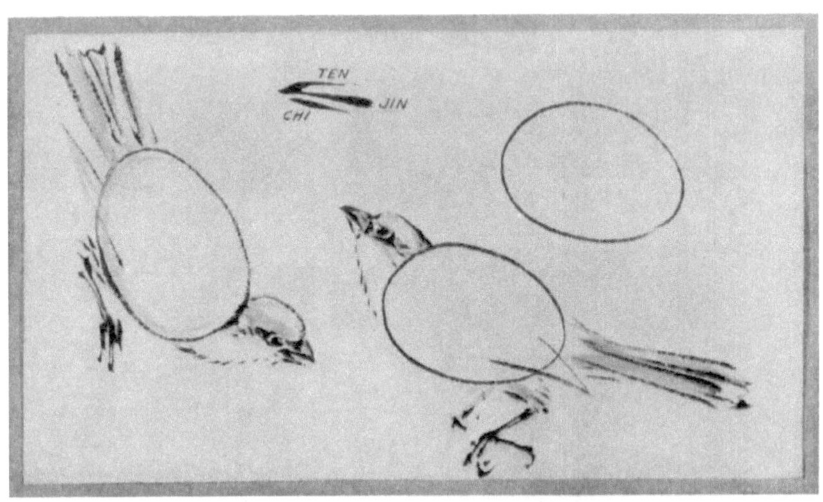

Vogel und seine Unterteilungen. Tafel XXII.

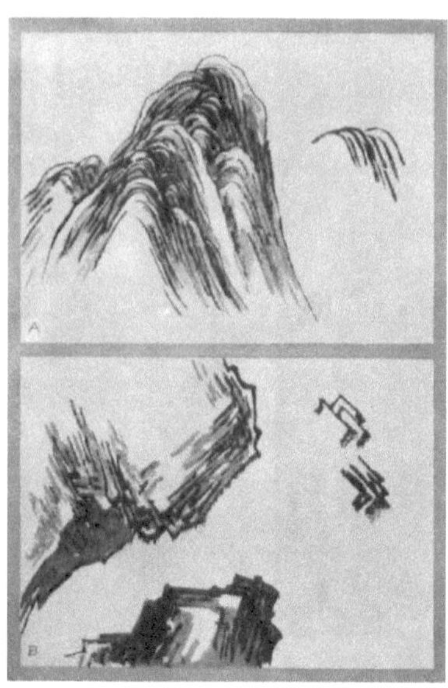

Methode mit geschälter Hanfrinde für Felsen und Felsvorsprünge (a) Die
Axtschläge (b). Tafel XXIII.

Linien oder Adern von Lotusblättern (a). Alaunkristalle (b). Tafel XXIV.

Lose Reisblätter (a). Verwelkte Anzündzweige (b). Tafel XXV.

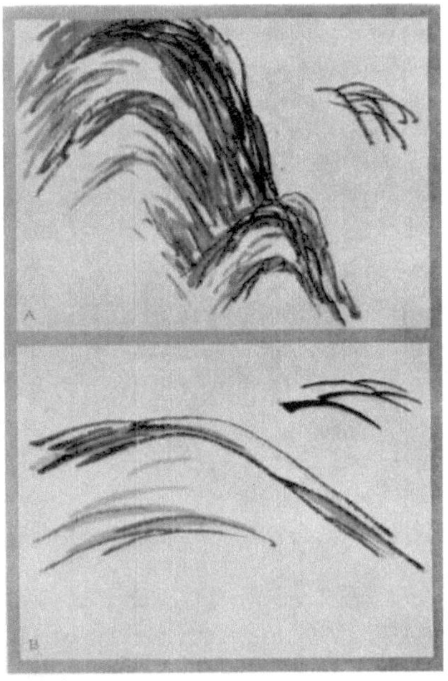

Verstreute Hanfblätter (a). Falten am Hals der Kuh (b). Tafel XXVI.

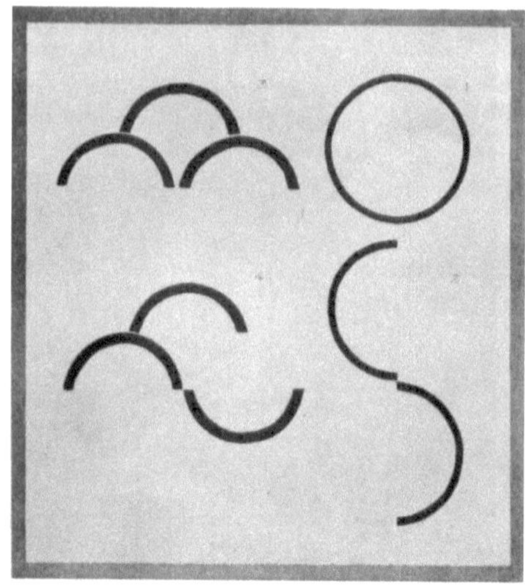

Der Kreis (1). Halbkreis (2). Fischschuppen (3). Bewegliche Fischschuppen (4). Tafel XXVII.

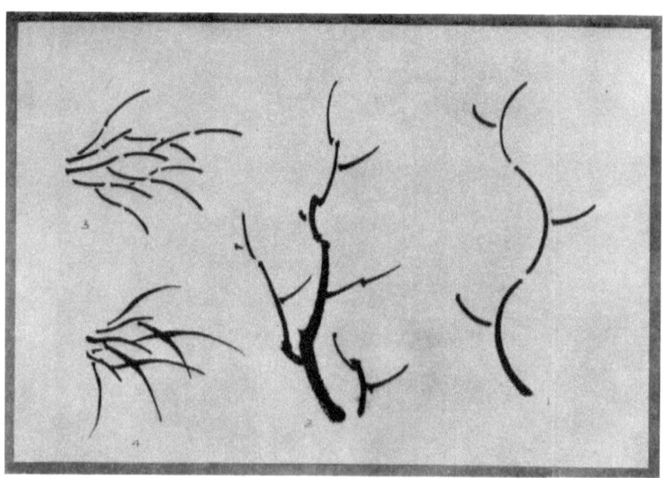

Theorie des Baumwachstums (1). Praktische Anwendung (2). Graswachstum in der Theorie (3). In der Praxis (4). Tafel XXVIII.

Skelett eines Waldbaums (1) Gleich entwickelt (2). Baum Vervollständigt in
Struktur (3). Tafel XXIX.

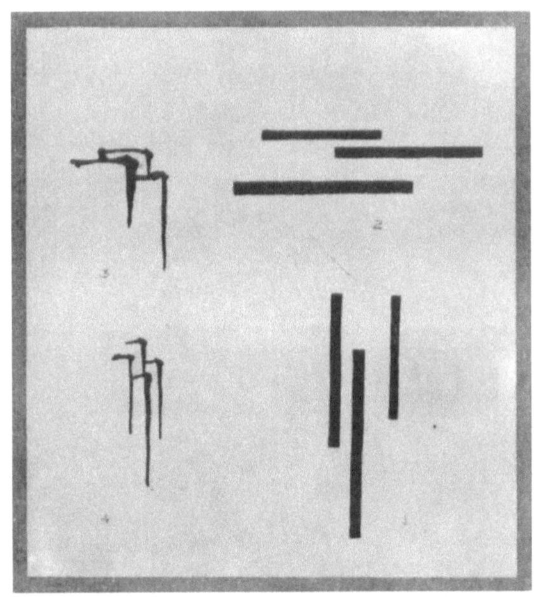

Senkrechte Linien für Felsen (1). Horizontale Linien für Steine (2). Felsbau
in der Kunst (3 und 4). Tafel XXX.

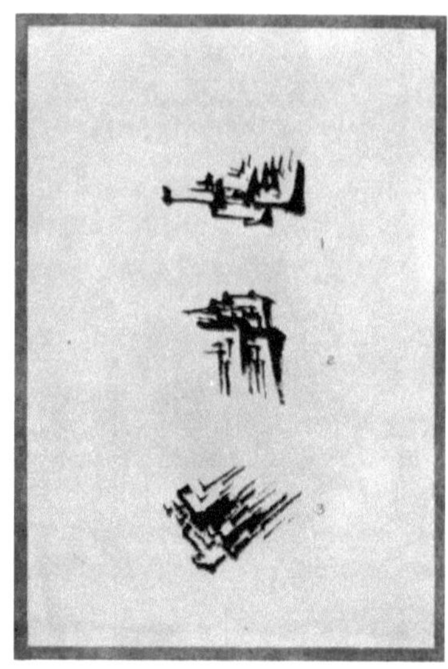

Verschiedene Arten, Felsen und Felsvorsprünge zu bemalen. Tafel XXXI.

Gesetze der Punkte

Wistaria Dot (a). Chrysanthemenpunkt (b). Tafel XXXII.

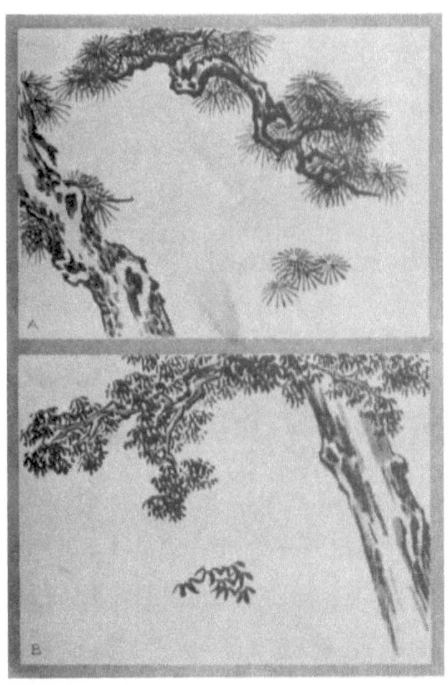

Radspeichenpunkt (a). KAI JI Dot (b). Tafel XXXIII.

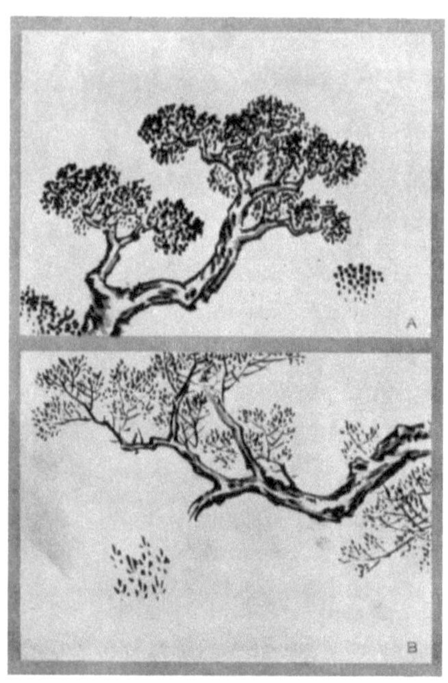

Pfeffersamenpunkt (a). Maus-Fußabdruck-Punkt (b). Tafel XXXIV.

Gezahnter Punkt (a). ICHI JI Punkt (b). Tafel XXXV.

Herzpunkt (a). HITSU JI Dot (b). Tafel XXXVI.

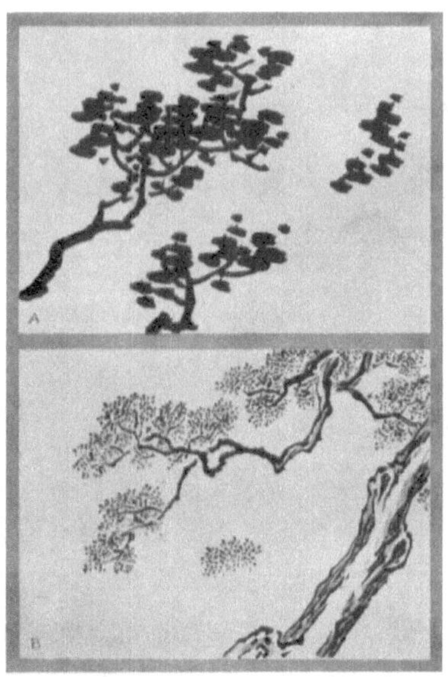

Reispunkt (a). HAKU YO Dot (b). Tafel XXXVII.

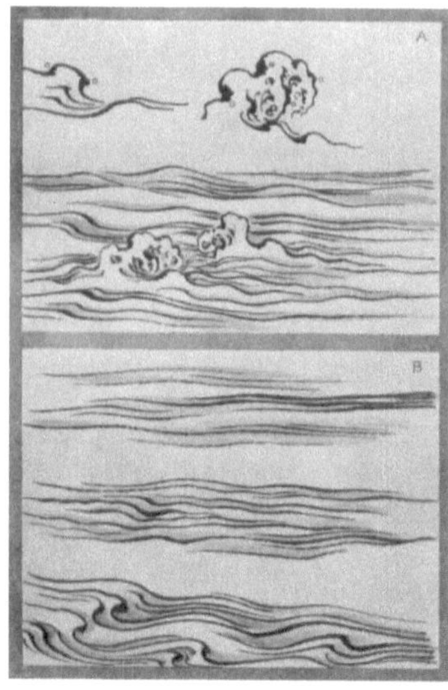

Wellen (a). Verschiedene Arten von fließenden Gewässern (b). Tafel
XXXVIII.

Sturmwellen. XL-Teller.

Gesetze der Linien des Kleidungsstücks

Seidenfadenlinie (oben). Koto-Saitenlinie (unten). Platte XLI.

Wolken, Wasserlinien (oben). Eisendrahtlinie (unten). Tafel XLII.

Nagelkopf, Rattenschwanzlinie (oben). Tsubone- Linie (unten). Tafel XLIII.

Weidenblattlinie (oben). Winkel-Wurm-Linie (unten). Tafel XLIV.

Rusty-Nail und Old-Post Line (oben). Dattelsaatlinie (unten). Platte XLV.

Broken-Reed-Linie (oben). Knorrige Knotenlinie (unten). Platte XLVI.

Wirbelwasserlinie (oben). Löschlinie (unten). Platte XLVII.

Trockenzweiglinie (oben). Orchideenblattlinie (unten). Tafel XLVIII.

Bambusblattlinie (oben). Gemischter Stil (unten). Platte XLIX.

Gesetze der vier Paragone

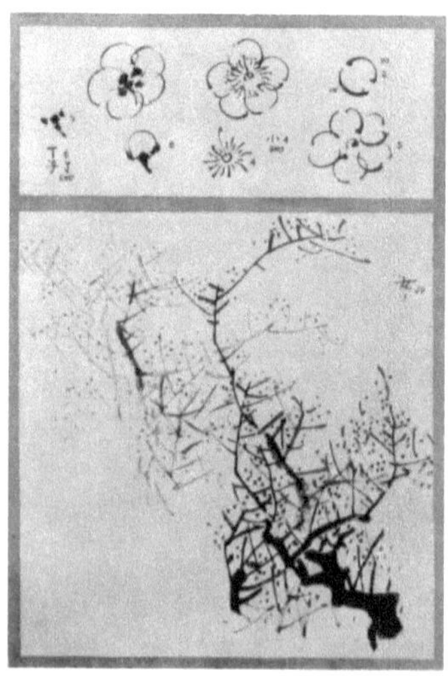

Der Pflaumenbaum und die Blüte. Platte L.

Die Chrysanthemenblume und -blätter. Platte LI.

Die Orchideenpflanze und -blume. Platte LII.

Die Bambuspflanze und Blätter. Tafel LIII.

Malthemen

Sonnenaufgang über dem Ozean (1). Horai San (2). Sonne, Störche und
Schildkröte (3, 4, 5). Teller LIV.

Fuku Roku Ju (1). Die Kiefer (2). Bambus und Pflaume (3). Kado Matsu
und Shimenawa (4). Reiskuchen (5). Platte LV.

Sonne und Wellen (1). Reiskörner (2). Baumwollpflanze (3). Kampftür (4).
Schatzschiff (5). Platte LVI.

Hühner und der Pflaumenbaum (1). Pflaume und Singvogel (2). Letzter
Schnee (3). Pfirsichblüten (4). Papierpuppen (5). Nana Kusa (6). Platte
LVII.

Kirschbäume (1). Ebbe (2). Saohime (3). Wistaria (4). Iris (5). Mond und
Kuckuck (6). Tafel LVIII.

Karpfen (1). Wasserfall (2). Krähe und Schnee (3). Kakehi (4). Tanabata (5). Herbstgräser (6). LIX-Platte.

Gestapelter Reis und Spatzen (1). Kaninchen im Mond (2). Megetsu (3). Nebelschauer (4). Wassergräser (5). Joggen (6). LX-Platte.

Chrysantheme (1). Tatsutahime (2). Hirsche und Ahornbäume (3). Gänse und der Mond (4). Früchte des Herbstes (5). Affe und Kaki (6). Platte LXI.

Eichhörnchen und Trauben (1). Kayenu Matsu (2). Evesco oder Ebisu (3).
Zan Kiku (4). Erster Schnee (5). Oharame (6). Tafel LXII.

Mandarinenten (1). Chi Dori (2). Entenfliegen (3). Schneeschutz (4).
Schneeszene (5). Schnee-Daruma (6). Tafel LXIII.

Krähe und Pflaume (1). Vogel und Kaki (2). Nukume Dori (3). Kinuta uchi (4). Tafel LXIV.

Frühling (1). Sommer (2). Herbst (3). Winter (4). Platte LXV.

Cha no Yu (1). Sen Cha (2). Geburt Buddhas (3). Inari (4). Platte LXVI.

Fußnoten

1.

Dies ist eine Übersetzung aus dem Originalmanuskript von IWAYA SHO HA oder Iwaya Sazanami , einer der bekanntesten und beliebtesten Autoren japanischer Folklore.

2.

Übersetzt aus dem Originalmanuskript von Hirai Kinza , einem bekannten Gelehrten, Dozenten und Autor.

3.

Anmerkung des Erstellers: Die einzigen mir zur Verfügung stehenden Ausgaben enthalten diese Tafeln in Schwarzweiß.